# MEHR ERLEBEN AM BODENSEE

Verlag Unterwegs

## IMPRESSUM

Dies ist eine Originalausgabe des
Unterwegs Verlag GmbH
Werner-von-Siemens-Str. 22 | D-78224 Singen
Tel. +49 (0) 7731 838-0 | Fax +49 (0) 7731 838-19

www.reisefuehrer.com www.unterwegs.com info@unterwegs.com


ISBN 978-3-86112-328-6

Foto- und Textnachweis: Wenn nicht anderst vermerkt, wurden uns die Fotos und Texte der betreffenden Tourist Informationen, Unternehmen und Einrichtungen zur Verfügung gestellt. Wir bedanken uns für die gute Zusammenarbeit und freundlicher Unterstützung.
Titelfoto: Lindau Hafeneinfahrt, © www.shutterstock.de
Schmuckfotos: © Christiane Schwarz
Gestaltung/Layout: Miriam Jäger
Bodenseekarte: © www.witte-verlag.de



**Bibliografische Information der Deutschen Nationalbibliothek**
Die Deutsche Nationalbibliothek verzeichnet diese Publikation in der Deutschen Nationalbibliografie; detaillierte bibliografische Daten sind im Internet über http://dnb.d-nb.de abrufbar.

# Vorwort

Am schönsten See Europas mit all seiner Vielfalt und Abwechslung kann man mehr erleben. Wir möchten Sie und Ihre Lieben auch dieses Jahr wieder auf Entdeckungsreise rund um den Bodensee schicken. Stecken Sie „Mehr erleben am Bodensee" in Ihre Tasche und auf geht's zu den Schlössern und Burgen, den Naturwundern und archäologischen Ausgrabungen.

Lassen Sie sich in den Museen in die Vergangenheit entführen oder erleben Sie dort die Moderne. Genießen Sie die Ruhe und Erholung in den Wellness-Oasen nach einem aufregenden Ausflug zum Affenberg oder dem Streichelzoo, nach einem Abenteuer im Kletterpark. Beschließen Sie den Tag bei traumhaften Sonnenuntergängen in einem der vielen Restaurants und lassen Sie sich kulinarisch verzaubern.
Wir hier am See können alles, sogar schwäbisch, badisch, bayrisch, österreichisch und schweizerisch.

Willkommen im phantastischen Bodenseeland!

# Bodensee in Zahlen

| | |
|---|---|
| Meereshöhe über Normalnull: | 395 m |
| Einzugsgebiet des Bodensees: | 11.500 $km^2$ |
| Oberfläche gesamt: | 571,5 $km^2$ |
| Mittlere jährliche Wasserführung: | ca. 370 $m^3$/sec |
| Obersee: | 489 $km^2$ |
| Untersee: | 71,5 $km^2$ |
| Tiefste Stelle: | 254 m |
| Längste Stelle: | 63 km |
| Rauminhalt: | 48,5 $km^3$ |
| Breiteste Stelle: | 14 km |
| Größte Tiefe (zwischen Utwil und Fischbach): | 254 m |
| Größte Breite (zwischen Friedrichshafen und Arbon): | 14 km |
| Länge zwischen Ludwigshafen und Bregenz: | 63 km |
| Länge zwischen Konstanz und Bregenz: | 46 km |
| Seevolumen: | ca. 54 Mrd $m^3$ |
| Einflussmenge des Rheins in Altenrhein: | ca. 11,5 Mrd $m^3$ |
| drittgrößter Binnensee Europas | |

| | |
|---|---|
| Sichttiefen des Seewassers (von der Oberfläche) | |
| Jahresmittel: | ca. 7,5 m |
| im Januar: | bis 12 m |
| Wasserberg in Folge der Erdkrümmung | |
| zwischen Bregenz und Konstanz: | 44,25 m |
| zwischen Rorschach und Friedrichshafen: | 12,3 m |

| | |
|---|---|
| Uferlänge gesamt: | 273 km |
| Uferlänge Baden-Württemberg: | 155 km |
| Uferlänge Bayern: | 18 km |
| Uferlänge Österreich: | 28 km |
| Uferlänge Schweiz: | 72 km |

AATHAL-SEEGRÄBEN (CH)

# Sauriermuseum Aathal

**Grösser als man denkt!**

Entdecken Sie eine der grössten Sammlungen Europas mit echten Dinosaurier-Skeletten aus eigener Grabung, aktuellen Saurierthemen und vielen anderen, tollen Fossilien. Auf Anfrage können Führungen gebucht werden. Jeden ersten und letzten Sonntag im Monat findet eine öffentliche Führung statt (jeweils 14.00 Uhr, nur der Eintritt muss bezahlt werden). Nehmen Sie sich auch Zeit für einen der diversen Dinosaurierfilme, den Museumsshop und die Cafeteria. Oder geniessen Sie eine Pause im „DinoGiardino": Hier darf gegrillt, gepicknickt und gespielt werden.

**Öffnungszeiten** Dienstag bis Samstag 10.00 bis 17.00 Uhr, Sonntag 10.00 bis 18.00 Uhr, Montag geschlossen **Info** Sauriermuseum Aathal, Zürichstrasse 69, CH-8607 Aathal-Seegräben | Tel. +41 (0)44.932 14 18 dino@sauriermuseum.ch | www.sauriermuseum.ch

ALLENSBACH (D)

# Allensbach am Bodensee

**Allensbach hat´s:** Dieses Motto des charmanten Ortes und weltbekannten Sitzes der Demoskopie ist Programm, denn Aktiv- und Erholungsurlaub, Entspannung und Abwechslung, gelebte Tradition und lebendige Moderne schließen sich hier nicht aus. Kultur in Allensbach ist längst kein Geheimtipp mehr. Von weither kommen die Besucher, denn Allensbach steht für ein hochkarätiges und engagiertes Kulturprogramm. Weit über die Region hinaus bekannt sind die Reihe „JAZZ am SEE" und die Konzerte „umsonst & draußen" auf der Bühne direkt am See.

**Tipps** Abenteuer und Spaß im Wild- und Freizeitpark, eine literarische Ausstellung rund um den Schriftsteller und Künstler Fritz Mühlenweg im MÜHLENWEGMUSEUM, kostenfreie Strandbäder, Boots- und Kanuverleih, Schiffsverbindung zur Insel Reichenau, Kloster Hegne, Golfplatz, Premiumwanderweg SeeGang sowie Rad- und Wanderwege auf dem Bodanrück, vielseitige Gastronomie, Freizeitprogramm, Kinderwochen ... **Info** Kultur- und Verkehrsbüro Allensbach im Bahnhof, Konstanzer Str. 12, D-78476 Allensbach am Bodensee | Tel. 0 75 33.801-34 oder -35, Fax 0 75 33.801-36 tourismus@allensbach.de | www.allensbach.de

### ALLENSBACH (D)

# Wild- und Freizeitpark Allensbach

**Tiere hautnah erleben und dazu jede Menge Spiel und Spaß am Bodensee**
In den großen Freigehegen der 75 Hektar großen Parkanlage kann man über 300 Wildtiere hautnah erleben. Rot- und Muffelwild, Wisente, Bären und Damwild aber auch Steinböcke, Esel und Luchse können aus nächster Nähe betrachtet werden. Der heimischen Tierwelt nahe kommen ist ein Erlebnis für die ganze Familie. Im Streichelzoo können die Besucher auch „Kontakt aufnehmen" und Zwergziegen streicheln. Große und kleine Tierforscher können spannende Entdeckungsreisen und Streifzüge durch den Park unternehmen und immer wieder Neues erleben.

Wer mehr über die heimatliche Natur erfahren möchte ist im Wild- und Freizeitpark Allensbach genau richtig. Mehr als 600 Pflanzen, ein Wildbienenhotel sowie eine große Kräuterspirale können im über 1000 $m^2$ großen grünen Klassenzimmer bestaunt werden.

Mit dem Nautic-Jet aus acht Metern Höhe ins Wasser schanzen oder mit dem Kettcar über die Kart-Piste heizen – zahlreiche Attraktionen sorgen für jede Menge Spaß. Die neueste Attraktion im Park ist der „Überflieger". In dieser 8,50 m hohen Überschlagschaukel bestimmen die beiden Insassen per Joystick Richtung und Geschwindigkeit selbst! Da sind turbulente Runden garantiert. Im Wild- und Freizeitpark Allensbach können Kinder in freier Natur ordentlich Gas geben.

Mit seiner nahezu einzigartigen Kombination aus Naturerlebnis und Spielspaß ist der Wild- und Freizeitpark Allensbach ein ideales Ausflugziel für die ganze Familie. Ob Entdecker oder Abenteurer, Naturliebhaber oder Tierfreund – es ist für jeden etwas dabei!

Und weil schöne Erlebnisse hungrig und durstig machen, stillt die Wildparkgastronomie mit SB-Snacks in der Wildparkhalle oder gutbürgerlicher Küche im Landgasthaus Mindelsee großen und kleinen Hunger. Wer eigenen Proviant mitbringt, findet zudem sicher ein schönes Plätzchen für eine Rast oder nutzt die Grillplätze im Park.

Foto: Wolfgang Vonier

**Öffnungszeiten** Ganzjährig geöffnet! Mai–September täglich 9.00–17.00 Uhr. Oktober–April täglich 10.00–17.00 Uhr. Parkaufenthalt nach Kassenschluss bis 19.30 Uhr möglich. **Info** Wild- & Freizeitpark Allensbach, Gemeinmärk 7, D-78476 Allensbach | Tel. 0 75 33.93 16 19 | www.wildundfreizeitpark.de

Foto: Wolfgang Vonier

ALLENSBACH (D)

# Mühlenwegmuseum Allensbach

Fritz Mühlenweg (geb. 1898 in Konstanz und gest. 1961 in Allensbach), ein gelernter Kaufmann, nahm ab 1927 als Rechnungsführer an Sven Hedins letzter Ostasien-Expedition teil und durchreiste bis 1932 drei Mal die Mongolei.

Die Begegnungen und Eindrücke verarbeitete er später in Romanen, so in seinem preisgekrönten Buch „In geheimer Mission durch die Wüste Gobi", das in 8 Sprachen übersetzt wurde sowie in zahlreichen Erzählungen, Gedichten und Bildern.

Das Mühlenwegmuseum inszeniert diese spannende und faszinierende Biografie unter anderem mit Fotografien, Bildern, Exponaten, dem Expeditionsfilm, Hörstationen und erstaunlichen Leihgaben der Familie sowie aus dem Nachlass.

**Öffnungszeiten** Juni bis Sept.: Mo.–Fr. 10–18 Uhr, Sa. 10–13 Uhr, Okt. bis Mai: Mo.–Fr. 9–12 Uhr und 14–17 Uhr, Regelmäßige öffentliche Führungen und Sonderführungen auf Anfrage. **Info** Mühlenwegmuseum Allensbach, Im Bahnhof, 78476 Allensbach | Tel. 0 75 33.8 01 35 | mma@allensbach.de www.muehlenwegmuseum.de

APPENZELL (CH)

# Kunsthalle Ziegelhütte Appenzell

Die Kunsthalle Ziegelhütte ist ein Kulturzentrum mit Cafeteria. Der sehenswerte Bau mit altem, begehbarem Brennofen aus dem Jahre 1566 zeigt in seinem Neubauteil auf drei Stockwerken Kunst der Klassischen Moderne und der Gegenwart. Das Brennofen-Plateau eignet sich hervorragend für Anlässe jeder Art.

Jeden ersten Freitag im Monat ist das Haus Treffpunkt für Musikfreunde.

**Öffnungszeiten** April bis Oktober: Di.–Fr. 10–12/14–17 Uhr,
Sa./So. 11–17 Uhr, November bis März: Di.–Sa. 14–17 Uhr, So. 11–17 Uhr
**Info** Kunsthalle Ziegelhütte Appenzell, Ziegeleistrasse 14,
CH-9050 Appenzell | Tel. 0041.71.788 18 60 | Fax 0041.71.788 18 61
info@kunsthalleziegelhuette.ch | www.h-gebertka.ch

APPENZELL (CH)

# Kunstmuseum Appenzell

Die Heinrich Gebert Kulturstiftung Appenzell zeigt Wechselausstellungen zur Kunst der Klassischen Moderne und der Gegenwart. In Sonderausstellungen werden zeitweise Werke von Carl August und Carl Walter Liner gezeigt.

Das Museum ist ein Bau der bekannten Architekten Annette Gigon und Mike Guyer, Zürich.

**Öffnungszeiten** April bis Oktober: Di.–Fr. 10–12/14–17 Uhr, Sa./So. 11–17 Uhr, November bis März: Di.–Sa. 14–17 Uhr, So. 11–17 Uhr

**Info** Kunstmuseum Appenzell, Unterrainstrasse 5, CH-9050 Appenzell
Tel. 0041.71.788 18 00 | Fax 0041.71.788 18 01
info@kunstmuseumappenzell.ch | www.h-gebertka.ch

AULENDORF (D)

# Spielzeugmuseum im Schloss Aulendorf

In der ehemaligen Bibliothek im Erdgeschoss des Schlosses wird die Spielzeugsammlung vom Beginn des 18. Jahrhunderts bis zur Gegenwart gezeigt. Puppen & Puppenstuben, künstlerisches Spielzeug aus Holz, Bau- & Experimentierkästen, umfangreiche Sammlung von Eisenbahnspielzeug – Sonderausstellungen.

**Öffnungszeiten** Mi.–Fr. 13.00–17.00 Uhr, Sa./So./Feiertag 10.00–17.00 Uhr Eintritt für Gruppen auch an Ruhetagen möglich **Info** Schlossmuseum Hauptstraße 35, D-88326 Aulendorf | Tel. 0 75 25.93-4203 Fax 0 75 25.93-4210 | info@aulendorf.de | www.aulendorf.de

BAD BUCHAU (D)

# Federseemuseum Bad Buchau

Glänzende Epoche – bewegte Zeiten – 2016 ist das Federseemuseum Teil der Großen Landesausstellung Baden-Württemberg „4.000 Jahre Pfahlbauten" mit dem Schwerpunktthema „Bronzezeit". Herausragende Exponate aus den bronzezeitlichen Pfahlbausiedlungen rund um die Alpen sind erstmalig im Federseemuseum zu sehen.

Wo Geschichte zum Erlebnis wird – Entdecken Sie 15.000 Jahre Archäologie am Federsee. Neben den bekannten stein- und bronzezeitlichen Pfahlbauten erwarten Sie im Außenbereich 1:1 Rekonstruktionen eines eiszeitlichen Jagdplatzes und einer keltischen Fischfanganlage. „Achäologie live!" inklusive.

**Öffnungszeiten** April bis Oktober: Di.–So. von 10–18 Uhr, Mo. geschlossen
**Info** Federseemuseum Bad Buchau
August Gröber Platz | D-88422 Bad Buchau | Tel. 0 75 82.83 50
info@federseemuseum.de | www.federseemuseum.de

BAD DÜRRHEIM (D)

# Fasnachtsmuseum Narrenschopf Bad Dürrheim

In den 2011 völlig neu gestalteten Kuppelbauten erleben Sie die schwäbisch-alemannische Fastnacht das ganze Jahr über zum Greifen nah. Durch den Einsatz von zahlreichen interaktiven Multimedia-Elementen ist dies für die gesamte Familie ein tolles Erlebnis. Tauchen Sie ein in die Geschichte der Narren, Hexen, Teufel und vielen weiteren Figuren! Erleben Sie, wie der größte Brauch des deutschen Südwestens seit hunderten von Jahren bis heute zelebriert wird.

**Öffnungszeiten** Ganzjährig Di.–Sa. 14–17 Uhr, So. u. Feiertage 10–17 Uhr. An Feiertagen auch montags geöffnet. Gruppen nach Voranmeldung auch außerhalb der Öffnungszeiten, Führungen auf Deutsch, Englisch und Französisch möglich – Reservierung per E-Mail.

**Info** Fastnachtsmuseum Narrenschopf Bad Dürrheim
Luisenstr. 41 (im Kurpark), D-78073 Bad Dürrheim | Tel. 0 77 26.64 92
info@narrenschopf.de | www.narrenschopf.de

BAD DÜRRHEIM (D)

# Wellness- und Gesundheits-zentrum Solemar

Das Solemar in Bad Dürrheim gilt als das „schönste Meer des Schwarzwaldes". Diesen Ruf genießt das international preisgekrönte Wellness- und Gesundheitszentrum Solemar. Unter den bemerkenswerten Kuppeldächern genießen die Besucher auf 13.500 Quadratmetern ein Erholungsparadies mit der gesundheitsfördernden Kraft der Sole. Freuen Sie sich auf eine riesige Erlebnis-Badelandschaft, die Schwarzwald-Sauna mit Schwarzwaldmühle und Salinenwelt, das Verwöhnprogramm im WellnessCenter und auf angenehmste Entspannung in der Totes-Meer-Salzgrotte.
Weitere Highlights sind das große Süßwasser-Panoramabecken im Außenbereich der Therme, wo bis zu 50 Gäste gleichzeitig im 33 °C warmen Becken Platz für „sprudelnde Erlebnisse" finden und das Erlebnisdampfbad.
Außerdem laden 4200 m² Außenlandschaft zum Entspannen, Entdecken und Wohlfühlen ein.

**Info** Wellness- und Gesundheitszentrum Solemar
Huberstraße 8, D-78073 Bad Dürrheim | Tel. 0 77 26.66 62 92
Fax 0 77 26.66 63 24 | info@solemar.de | www.solemar.de

### BAD SAULGAU (D)

# Sonnenhof-Therme Bad Saulgau

Ein Aufbauprogramm für Körper und Seele bietet die mit vier Wellness Stars ausgezeichnete Sonnenhof-Therme. Täglich strömen bis zu 1,5 Millionen Liter heilkräftiges schwefelhaltiges Thermalwasser in die sieben Innen- und Außenbecken mit Wassertemperaturen von 28 bis 40 Grad Celsius. Die großzügige Saunawelt lässt mit vier Saunen, einem urgemütlichen Kaminzimmer sowie idyllischem Saunagarten den Besuch zu einem Erlebnis werden. Die wohltuende Wirkung von Sole können Sie in unserem Sole-Dampfbad erfahren. Bei Aroma-Öl- und Klangmassagen können Sie den Alltag hinter sich lassen! Für Wohnmobilisten stehen direkt bei der Sonnenhof-Therme 53 eben angelegte, mit dem Qualitätssiegel TopPlatz ausgezeichnete Stellplätze bereit.

**Öffnungszeiten** Bad täglich von 8–22 Uhr, Saunawelt täglich von 9–22 Uhr
**Info** Sonnenhof-Therme Bad Saulgau, Am Schönen Moos 1
D-88348 Bad Saulgau | Tel. 0 75 81.4 83 90
info@sonnenhof-therme.de | www.sonnenhof-therme.de

BAD SCHUSSENRIED-KÜRNBACH (D)

# Museumsdorf Kürnbach

Oberschwäbisches Dorfidylle pur! Stroh- und riedgedeckte Bauernhäuser aus über 500 Jahren und zahlreiche Nebengebäude – insgesamt mehr als 30 Gebäude – zeigen die Bau- und Wohnkultur von einst. Original eingerichtete Werkstätten und Stuben, Tiere, Streuobstwiesen, Ausstellungen sowie der kostenfreie Multimediaguide illustrieren das Landleben von anno dazumal. Besonders attraktiv für Familien sind die lebendigen Sonntagsveranstaltungen wie das Dampffest im Juni oder der Herbstmarkt im Oktober wie auch spannende Aktionstage rund um das historische Landleben. Der Kinder-Entdeckerpfad begeistert die jüngsten Besucher während die ganze Familie in der gemütlichen Vesperstube samt idyllischem Biergarten verweilt – entdecken Sie das ganze historische Oberschwaben in einem Dorf!

**Öffnungszeiten** März bis Oktober, täglich von 10 bis 18 Uhr

**Info** Oberschwäbisches Museumsdorf Kürnbach, Griesweg 30, 88427 Bad Schussenried-Kürnbach | Tel. 0 75 83.94 20 50
museumsdorf@biberach.de | www.Museumsdorf-Kürnbach.de

### BAD SCHUSSENRIED (D)

# Schussenrieder Bierkrugmuseum

Sie liegt direkt an der oberschwäbischen Barockstraße und bietet ein attraktives Ausflugsziel: die SCHUSSENRIEDER Erlebnisbrauerei mit Deutschlands 1. Bierkrugmuseum. Unter dem Motto „Trinkkultur aus fünf Jahrhunderten" laden seit 1994 rund 1200 Bierkrüge aus den Jahren 1550 bis 1925 zu einer spannenden Reise durch die Geschichte des Bieres ein. Nach dem Ausflug in die traditionelle Trinkkultur laden der schattige Biergarten oder die gemütliche Museumsschänke die Besucher zu schwäbischen Leckereien und feinen Bierspezialitäten der Gegenwart ein. Im urigen Ambiente servieren die Schankknechte der SCHUSSENRIEDER Brauerei das naturtrübe Museumsbier Original N°1 und reichen dazu ein herzhaftes Bauernbrot. Jedes Wochenende gibt es Live-Musik in der Museumsschänke oder im Biergarten.

**Öffnungszeiten** Gaststätte: Di.–So. ab 11 Uhr, Mo. Ruhetag.
Museum: Mi.–So. von 11–17 Uhr oder nach Vereinbarung
**Info** Schussenrieder Bierkrugmuseum, Wilhelm-Schussen-Str. 12, D-88427 Bad Schussenried | Tel. 0 75 83.4 04-11 | Fax 0 75 83.4 04-12
info@schussenrieder.de | www.schussenrieder.de

BAD WALDSEE (D)

# Abenteuer-Kletterpark Tannenbühl

Unser Kletterpark ist ein toller Freizeitspaß für die ganze Familie, aber auch ein sportlicher Anreiz. Die Besucher erleben in den 9 Parcours mit über 170 Übungen ein außergewöhnliches Abenteuer in bis zu 20 Metern Höhe. Eine Kombination aus Geschicklichkeit, Nervenkitzel und Erfolgserlebnissen. Sicherheit geht immer vor. Unter Anweisung und Beobachtung unserer Trainer klettern Sie durch den Park. Sie können ohne jegliche Vorkenntnisse in die Parcours einsteigen und sich darin zu Recht finden. Kinder ab einer Körpergröße von 125 cm dürfen in Begleitung einer erwachsenen Person in die Parcours einsteigen. Im Kiddyparcours klettern Kinder bereits ab ca. 3 Jahren unter Aufsicht der Eltern.

**Öffnungszeiten** Täglich geöffnet. **Info** Abenteuer-Kletterpark-Tannenbühl, Tannenbühl 2, D-88339 Bad Waldsee | Tel. 0 75 24.4 01 12 75
Fax 0 75 24.4 01 12 78 | www.abenteuer-kletterpark-tannenbuehl.de

### BAD WALDSEE (D)

# Erwin Hymer Museum

**In 80 Wagen um die Welt!**

Das Erwin Hymer Museum lädt zu einer einzigartigen Entdeckungstour durch die Kultur- und Technikgeschichte des mobilen Reisens ein. In der 6.000 Quadratmeter großen Dauerausstellung sind über 80 historische Wohnwagen und Reisemobile ausgestellt. Die teils „exotischen" Exponate sind in eine spannende und wandelbare Erlebniswelt eingebunden. Reisen Sie mit uns auf den Traumrouten der Welt! Entdecken und Erleben Sie die Sehnsuchtsorte Ihrer Zeit. Tauchen Sie ein in die Abenteurer der Pioniere, erfahren Sie Spannendes aus Technik, Entwicklung, Produktion und Design.

Das Erwin Hymer Museum ist ein Museum für die ganze Familie zum Anfassen und Mitmachen, hautnah und interaktiv medial.

**Öffnungszeiten** Täglich 10–18 Uhr, Donnerstag bis 21 Uhr

**Info** Erwin Hymer Museum, Robert-Bosch-Straße 7, D-88339 Bad Waldsee

Tel. 0 75 24.97 66 76-00 | info@erwin-hymer-museum.de

www.erwin-hymer-museum.de

BANKHOLZEN (D)

# Landgasthof „Zum Sternen"

Der „Sternen" ist ein traditionsreicher Landgasthof mit ***Hotel im Herzen der Halbinsel Höri am westlichen Bodensee und am Fuße des Schienerberges. Qualität – gepaart mit der sprichwörtlichen badischen Gast- und Herzlichkeit bestimmen die Philosophie unseres Hauses. Bei uns fällt es Ihnen leicht abzuschalten und zu genießen, denn bei der Wirtin Brigitte und Ihrem Team sind Sie in den besten Händen. Im Biergarten unter alten Kastanien oder in unserer neuen „alten" Gaststube genießen Sie kulinarischen Gaumenfreuden.
Unsere „Jungen Wilden" kochen mit Herz, einem Gewürz das in vielen Küchen fehlt. Sie interpretieren alte badische und schwäbische Spezialitäten zu neuen gelungenen Kreationen.

Bei einem frisch gezapften Bier oder einem echten badischen Viertele besten Bodenseeweines können Sie den Tag Revue passieren lassen. Ihr Tischnachbar hilft Ihnen sicherlich bei dialektischen Schwierigkeiten.

Die fünfte Generation ist schon in Startposition. Sie versucht weiterhin die Balance zwischen bodenständig, bio-regionaltypisch und neu definiert zu halten. Den Gästen das Gefühl von ehrlicher Herzlichkeit zu geben ist einer der Grundsätze im Sternen zu Bankholzen auf der Halbinsel HÖRI.
Feriengäste, Berufstätige, Einheimische und natürlich die vielen Stammgäste fühlen sich in der familiären Atmosphäre wohl. In komfortabel und zweckmässig eingerichteten Zimmern können Sie bei offenem Fenster schlafen und sich auf ein reich bestücktes Frühstücksbüffet freuen. Hervorzuheben sind dabei unsere vielfältigen selbstgemachten Marmeladen und immer der Jahreszeit entsprechend frische Beeren, Obst und Honig von der HÖRI. Herzhafte Schinken und Wurstspezialitäten, sowie frisches Bauernbrot und ein tolles Brötchensortiment runden das Angebot ab.

Kommen Sie vorbei – wir freuen uns auf Sie! Erleben Sie unsere Gastfreundschaft zu jeder Jahreszeit!

**Info** Landgasthof Zum Sternen, Schienerbergstr.23, D-78345 Bankholzen
Tel. 0 77 32.24 22 | Fax 0 77 32.5 89 10
info@zum-sternen.de | www.zum-sternen.de

**BEURON (D)**

# Haus der Natur

Das ehemalige Bahnhofsgebäude von Beuron beherbergt die Geschäftsstellen der Stiftung Naturschutzzentrum Obere Donau und des Naturpark-Vereins Obere Donau. Im Erdgeschoss des Hauses der Natur kann während der Öffnungszeiten eine Dauerausstellung zur Entstehungsgeschichte der Landschaft und den Sehenswürdigkeiten des Naturparks besichtigt werden.

**Öffnungszeiten** Ganzjährig von Montag bis Freitag: 9.00–17.00 Uhr.
01.04.–31.10.: auch Samstag, Sonntag und feiertags 13.00–17.00 Uhr,
Eintritt frei! **Info** Haus der Natur, Wolterstr. 16, D-88631 Beuron
Tel. 0 74 66.9 28 00 | Fax 0 74 66.92 80 23

BEURON (D)

# Naturpark-Express

**Das Erlebnis Naturpark-Express**

Der Naturpark-Express bietet Wanderern und Radfahrern die Möglichkeit den Naturpark Obere Donau immer samstags, sonntags und feiertags vom 1. Mai bis Mitte Oktober bequem per Zug zu bereisen. Jeweils vier Fahrten werden pro Fahrtag von Sigmaringen nach Tuttlingen und zurück angeboten. Am frühen Nachmittag führt eine Fahrt von Tuttlingen weiter bis Blumberg und zurück nach Sigmaringen. Am späteren Nachmittag geht es dann von Sigmaringen aus über Tuttlingen nach Donaueschingen, immer mit Halt an zahlreichen kleinen Bahnhöfen und Haltepunkten. Über 100 Fahrräder können gleichzeitig pro Fahrt im speziellen Fahrradtransportwaggon mitgeführt werden. Helfer übernehmen das Aus- und Einladen der Fahrräder und verkaufen Fahrkarten direkt am Sitzplatz. Fahrkarten der DB AG und der Verkehrsverbünde werden selbstverständlich anerkannt.

**Saison** Mai bis Oktober **Fahrpläne und Infos** Naturpark Obere Donau, Wolterstr. 16, D-88631 Beuron | Tel. 0 74 66.92 80-14
Fax 0 74 66.92 80-23 | www.naturpark-obere-donau.de

BIBERACH (D)

# Jordanbad Biberach

Die Saunalandschaft im Jordanbad Biberach hat im Sommer 2015 ein neues Gesicht bekommen. Drei neue Saunen sowie eine wunderschöne Liegeterasse rund um den Naturteich laden zum Verweilen und Erholen ein. Der Dorfcharakter der bisherigen Sauna blieb auch nach dem Umbau erhalten.

Die Schwitzkabinen gruppieren sich um den Naturteich und um Sitzgelegenheiten im Schatten der Bäume. Alle Saunen sind mit großen Glasfronten ausgestattet, sodass ein Gefühl von Weite und Offenheit entsteht. Die Kräutersauna überzeugt mit 80 Grad durch angenehme Kräuter-Düfte die durch den Raum ziehen. In der Kaminsauna kann der Gast bei flackerndem Kaminlicht entspannen und zur Ruhe kommen. Die Finnische Aufguss-Sauna mit 90 Grad bietet Platz für 110 Personen. Stündliche hochwertige Aufgüsse bilden das Highlight dieser Sauna. Fahnenaufgüsse, Pflegepeelings und Schönheitscremes sorgen für ein herrliches Wohlgefühl nach dem Saunagang.

Der Wellnessbereich lädt zur Auszeit vom Alltag ein. Das Angebot reicht vom DaySpa „Indischer Wellnesstraum" über das Orientalische Luxusbad und die Körperpackung mit Karibik-Creme bis zu Anti-Stress-Massage und Augenbrauen-Färben. Die Gäste des Jordanbades schätzen vor allem die Vielfalt an Kombinationsmöglichkeiten von Fitness und Wellness, Thermal- und Saunalandschaft.

**Öffnungszeiten** Wellness: 8.00–20.00 Uhr, Wochenende auf Anfrage
Therme: täglich geöffnet von 9.00–22.00 Uhr **Info** Jordanbad Biberach,
Im Jordanbad 3, D-88400 Biberach | Tel. 0 73 51.3 43-100
Fax 0 73 51.3 43-111 | info@jordanbad.de | www.jordanbad.de

BLUMBERG (D)

# Sauschwänzlebahn Blumberg

Erleben Sie von April bis Oktober historische Dampf- und Dieselzugfahrten. Die „Sauschwänzlebahn" ist eine unvergessliche Zugstrecke mit Nostalgiecharakter, umgeben von wunderschöner Natur. Die Strecke führt 25 Kilometer von Blumberg-Zollhaus nach Weizen über vier Brücken und durch sechs Tunnels. Der längste Tunnel, die große Stockhalde, ist es, die der „Sauschwänzlebahn" ihren Namen gibt: Der Tunnel ist Deutschlands einziger Kreiskehrtunnel im Bereich eines Mittelgebirges. Neben diesem Erlebnis, ist die „Sauschwänzlebahn" bekannt für die tollen Ausblicke in die Täler der Umgebung, in die Wutachschlucht und in den Schwarzwald. Besuchen Sie auch das Blumberger Eisenbahnmuseum und das Reiterstellwerk aus dem Jahre 1886. Dort erfahren Sie viel Wissenswertes über die Geschichte des Bahnfahrens und der Sauschwänzlebahn.

**Info** Sauschwänzlebahn, Bahnhofstr. 1, D-78176 Blumberg
Tel. 0 77 02.5 13 00 | Fax 0 77 02.5 13 02
info@sauschwaenzlebahn.de | www.sauschwaenzlebahn.de

### BEZAU/BREGENZERWALD (A)

# Wälderbähnle

**Ein Erlebnis im Rhythmus der alten Zeit**

Zwischen Bodensee und Arlberg, in einer der abwechslungsreichsten Landschaften des Alpenraums liegen die Dörfer des Bregenzerwaldes. Auf schmaler Spur führt das Wälderbähnle in gemächlichem Tempo auf der legendären Strecke der ehemaligen Bregenzerwaldbahn von Bezau zum Bhf. Schwarzenberg und wieder zurück. Ein nostalgisches Vergnügen für Ausflügler, Urlauber und Eisenbahnfreunde.

**Fahrplan** siehe www.waelderbaehnle.at. Nach Vereinbarung Sonderzüge für jeden Anlass mit historischer Diesel- oder Dampflokomotiven. Sehr beliebt sind die Nikolausfahrten Ende November und Anfang Dezember.

**Info** Wälderbähnle – Bregenzerwald – Vorarlberg
Bregenzerwaldbahn-Museumsbahn Betriebsgesellschaft mbH, Bahnhof 147, A-6870 Bezau | Tel. 0043.(0)664.466.2330
info@waelderbaehnle.at | www.waelderbaehnle.at

### BREGENZ (A)

# Bregenzer Festspiele

Kein Mann soll sie je besitzen – die chinesische Prinzessin Turandot stellt jedem, der um ihre Liebe wirbt, drei Rätsel. Bisher hat sie keiner lösen können, und alle haben dafür mit ihrem Kopf bezahlt. Einem unbekannten Prinzen gelingt das Unmögliche: er kann alle drei Fragen beantworten. Doch Turandot möchte sich trotzdem nicht erobern lassen, deshalb ist der Prinz bereit zu sterben, wenn sie bis zum nächsten Morgen seinen Namen herausfindet. Keiner darf diese Nacht schlafen und muss nach dem Namen forschen ...

Mit Calafs Arie „Nessun dorma" wurde Giacomo Puccinis Oper „Turandot" weltberühmt. Vor der mächtigen Kulisse der drachenförmigen Mauer im Bodensee hallt diese Arie in die Nacht. Marco Arturo Marellis Bühnenbild spielt mit chinesischen Herrschaftssymbolen. Die riesige Mauer ist vom längsten Bauwerk der Welt, der Chinesischen Mauer, inspiriert. Auf einer Länge von 72 Metern ragt sie aus dem Bodensee, gekrönt von einem chinesisch anmutenden Pavillon auf einem der beiden Türme. Diese Mauer wird von über zweihundert Terrakotta-Kriegern durchkreuzt, die in den Himmel wie ins Wasser streben. Entstanden ist dieses achte Weltwunder einst für die Grabanlage des ersten Kaiser der Qin-Dynastie.

Auch in der Musik sind chinesisch erscheinende Klänge zu hören. Puccini ließ sich von Melodien aus Spieluhren inspirieren, die ein befreundeter Diplomat aus China mitgebracht hatte. Doch so chinesisch Puccinis letztes Bühnenwerk erscheinen mag, seine Handlung stammt ursprünglich aus einem persischen Märchen und die Musik zieht sämtliche Register der italienischen Oper. Der mächtigen Turandot steht die aufopferungsvolle Liù gegenüber, die den Prinzen Calaf liebt und das Geheimnis seines Namens mit in ihren ergreifenden Tod nimmt. Das Volk betrauert diesen Tod eben so leidenschaftlich wie es zuvor das Spektakel der Enthauptung von Turandots Brautwerbern genossen hat. Artisten und Feuerkünstler, Tänzerinnen und Soldaten feiern Turandots

*Foto: Bregenzer Festspiele / Ralph@Larmann.com*

Auftritt im zweiten Akt. Doch bevor sie dem Prinzen ihre Rätsel stellt, gibt sie uns eine Ahnung, warum sie so eiskalt geworden ist: Vor langer Zeit wurde ihre Ahnin von einem Mann misshandelt und getötet. Deren Schrei hört sie noch heute in sich. Diese psychologische Ebene erlaubt Puccini, eine vielfältige Persönlichkeit zu zeichnen, deren Maske der Prinz schließlich brechen kann. Die eiskalte Prinzessin wird von Calafs warmer Liebe ergriffen. Wie es sich Puccini wünschte, kehren die beiden „durch die Liebe unter die Menschen zurück, und diese Liebe muss von allen Personen auf der Bühne Besitz ergreifen."

**Info** Bregenzer Festspiele GmbH, Platz der Wiener Symphoniker 1, A-6900 Bregenz | Tickets und Infos unter Tel. 0043.55 74.407-6 oder www.bregenzerfestspiele.com

BREGENZ (A)

# Pfänderbahn

**Auszeit mit Ausblick: Pfänder – Der Erlebnisberg am Bodensee**

In sechs Minuten rund 600 Höhenmeter bewältigen und eine andere Welt erleben – fernab von Trubel und Hektik in der Stadt, auf dem 1064 m hohen Pfänder. Viel Natur und der Rundblick auf 240 oft schneebedeckte Alpengipfel und den Bodensee bringen die Gedanken zur Ruhe. Dem Himmel so nah und dennoch geerdet: Saftige Bergwiesen, eine beruhigende Bergwelt – und ganz viel Weite. Der Besucher findet zu sich selbst und zur Natur zurück. Dafür sorgen die vielen Wanderwege oder ein Besuch bei den Tieren im Alpenwildpark.

**Beste Unterhaltung für Jung und Alt**

Für Kinder gibt es direkt neben der Bergstation einen großen Spielplatz mit Tunnelrutsche und Korbschaukel. Ideal zum Austoben ist das Bungee Trampolin. Für Schulklassen und kleine Naturliebhaber vermittelt die Drehpuzzlespielewand viel Interessantes zur Berg-, Tier- und Pflanzenwelt. Im angrenzenden Alpenwildpark tummeln sich Hirsche, Steinböcke, Wildschweine, Mufflons und Murmeltiere.

### Aktives Naturerlebnis

Der Pfänder ist der ideale Ausgangspunkt zur Erkundung der Landschaft. Es stehen gemütlich Touren wie der 30-minütige Rundwanderweg durch den Alpenwildpark oder eine Wanderung entlang des Käsewanderwegs genauso zur Auswahl wie die sportliche Herausforderung den Pfänder vom Tal aus zu Fuß zu erklimmen.

### Kulinarische Genüsse

Zum Verweilen und Einkehren lädt das im alpenländischen Stil gehaltene Aussichtsrestaurant Berghaus Pfänder mit Panoramaterrasse – direkt neben der Bergstation – ab Mai bis September ein. Vorzügliche Menüs, zünftige Jausen und hausgemachte Kuchen und Torten lassen die Herzen der Gäste höher schlagen. Besonders gemütlich ist es auf der Terrasse mit herrlicher Aussicht.

### Pfänder-Tipps

- Familien erhalten einen vergünstigten Tarif
- Fahrräder werden ganztags befördert, von 8.00 Uhr bis 10.00 Uhr gratis
- Besonders zu empfehlen ist die Anfahrt nach Bregenz mit einem Kursschiff – der Hafen liegt nur 7 Gehminuten entfernt
- Pfänderbahn Gäste parken auf den Pfänderbahn Parkplätzen 3 Std. gratis
- Aktuelle Wetterinformationen und die von der Webcam täglich aufgenommenen 360° Panoramaaufnahmen finden Sie auf www.pfaenderbahn.at

**Info** Pfänderbahn AG, Steinbruchgasse 4, A-6900 Bregenz
Tel. +43 (0)664.14 32 584 | Fax +43(0)574.42 16 00
office@pfaenderbahn.at | www.pfaenderbahn.at

KARACHO

Robinien-
heim

### CLEEBRONN/TRIPSDRILL (D)

# Erlebnispark Tripsdrill

Unweit von Stuttgart liegt der Erlebnispark Tripsdrill mit über 100 originellen Attraktionen, dem Natur-Resort und dem Wildparadies. Nervenkitzel verspricht die Katapult-Achterbahn „Karacho", deren Fahrzeuge von 0 auf 100 km/h in nur 1,6 Sekunden beschleunigt werden. Im Wartebereich präsentiert Erfinder Karle Kolbenfresser seine kuriosen Ideen. Neu ist das Restaurant „Zur Werksküche" direkt bei der Karacho – gebaut im Stil eines alten Fabrikgebäudes. Das Angebot in Tripsdrill reicht von rasanten Achterbahnen über wilde Wasserschussfahrten und gemütliche Familienattraktionen bis hin zu spannenden Abenteuern für die Kleinsten. Viel Vergnügen bereitet auch der Indoor-Spielebereich „Gaudi-Viertel", der den Besuch in Tripsdrill wetterunabhängiger macht.
Zum Erlebnispark gehört auch das benachbarte Wildparadies Tripsdrill – eine eigene Erlebniswelt mit rund 40 verschiedenen Tierarten, Abenteuerspielplatz, Walderlebnis- und Barfußpfad. Neben der Fütterungsrunde von Wolf, Luchs, Bär & Co. (täglich, außer freitags) begeistern auch die majestätischen Greifvögel der Falknerei während der Flugvorführung.

Neben 20 Schäferwagen (für bis zu 5 Pers.) und fünf Baumhäusern (für bis zu 6 Pers.) gibt es im Natur-Resort Tripsdrill 15 neue Baumhäuser, in denen bis zu 4 Schlafgäste Platz finden. Ausgestattet mit einem Doppelbett, einem Hochbett, einer Sitzecke mit Flachbildfernseher, kostenfreiem WLAN, Kaffeemaschine und Kühlschrank sowie eigenem Sanitärbereich mit Dusche und WC, bieten sie Hotelkomfort in luftigen Höhen.

**Öffnungszeiten** März bis November, täglich ab 9.00 Uhr
Das Wildparadies ist zudem in den Wintermonaten an Wochenenden, Ferien- und Feiertagen in Baden-Württemberg geöffnet; die Baumhäuser im Natur-Resort sind ganzjährig buchbar. **Info** Erlebnispark Tripsdrill,
D-74389 Cleebronn/Tripsdrill | Tel. 0 71 35.99 99 | www.tripsdrill.de

DONAUESCHINGEN (D)

# Donaueschingen

Foto: Donauquelle, Stadt Donaueschingen

Dort, wo die Reise der Donau beginnt, liegt die Residenzstadt Donaueschingen. Zweifelsohne ist die Donauquelle das Ausflugsziel für Besucher aus nah und fern. Nach fast dreijährigen Sanierungsarbeiten am Quelltopf präsentiert sich die Quelle nun in neuem Glanz. Tauchen Sie im Rahmen der Erlebnisführung zur Donauquelle in deren spannende Geschichte ein und lassen Sie sich von so manchem Mythos begeistern (Mai–Sept., So. 10.30 Uhr). Zu entdecken gibt es weitere Highlights wie das Fürstlich Fürstenbergische Schloss oder die Innenstadt mit farbenfrohen Jugendstilgebäuden. Empfehlenswert ist ebenfalls eine Führung durch die Fürstenberg Brauerei oder ein Besuch der vielfältigen Museen. Nach einem erlebnisreichen Tag laden gemütliche Restaurants und Cafés zum Verweilen ein.

**Info** Tourist-Information Donaueschingen, Karlstraße 58,
D-78166 Donaueschingen | Tel. 07 71.857-221 | Fax 07 71.857-228
tourist.info@donaueschingen.de | www.donaueschingen.de

### DORNBIRN (A)

# Karrenseilbahn Dornbirn

Alle die hoch hinaus wollen, sind am Karren genau richtig. Die Seilbahn bringt ihre Besucher in weniger als 5 Minuten auf 976 Meter Höhe. Von dort eröffnet sich ein sagenhafter Ausblick auf das Rheintal, die Schweizer Berge und den Bodensee. Das Panoramarestaurant hält was es verspricht und es können gleichzeitig ein gutes Essen und der Ausblick genossen werden. Außerdem ist der Karren Ausganspunkt für zahlreiche Wanderungen. Von gemütlichen Spazierwegen über anspruchsvolle Touren findet jeder das Richtige. Die Wanderwege sind allesamt gut beschriftet. Eine Besonderheit sind die „romantischen Öffnungszeiten", denn die Seilbahn fährt bis 23 Uhr, am Wochenende sogar bis Mitternacht – wenn tief im Tal das Lichtermeer glitzert. Ein Ausflug auf den Karren lohnt sich somit allemal, Sommer wie Winter, Tag und Nacht, für gemütliche Ausflüge oder sportliche Touren, ... am Karren sind die Besucher jederzeit willkommen.
TIPP: Kombiangebote. Diese versprechen einen perfekt organisierten Ausflug zu einem tollen Preis. Details unter www.karren.at

**Info** Karrenseilbahn Dornbirn, Gütlestraße 6, A-6850 Dornbirn
Tel. 0043.5572.2 21 40 | karren@dornbirn.at | www.karren.at

**ENGEN (D)**

# Engen

Die historische Altstadt gilt als eines der besterhaltenen mittelalterlichen Stadtensembles Süddeutschlands. Mit sehr viel Liebe und Geschick wurde die denkmalgeschützte Altstadt nahezu vollständig saniert. Seither verzaubert sie so manchen Besucher mit ihrem südländischen Flair inmitten der schiefen Häuser, buckligen Gassen und gemütlichen Plätzen.
Ein Novum im süddeutschen Raum stellt der Eiszeitpark „Petersfels" dar, ein Naturerlebnispark, der die späteiszeitlichen Verhältnisse um die bedeutende urzeitliche Fundstelle „Petersfels" aufzeigt. Das Erlebnisbad mit seiner 89 m langen Riesenrutsche, dem Strömungskanal u.v.m. laden ein, ein paar Stunden im kühlen Nass zu verbringen. Sehenswert sind auch die unterschiedlichen Stadt- und Erlebnisführungen.

**Info** Tourist-Info Engen, Marktplatz 4, D-78234 Engen
Tel. 0 77 33.502-249 | Fax 0 77 33.502-299
rathaus@engen.de | www.engen.de

FRAUENFELD (CH)

# Naturmuseum und Museum für Archäologie Thurgau

Wie wär's mit einem Abstecher in die Kantonshauptstadt, um die bewegte Geschichte und die vielfältige Natur des Thurgaus kennen zu lernen? Mit ihrer Themenvielfalt und den zahlreichen Betätigungsmöglichkeiten sind die Museen für Kinder besonders spannend. Nach dem Rundgang locken der Museumsgarten und das Museumscafé. Eintritt frei.

**Buntes Kinderprogramm:** Nähere Infos: www.museum-fuer-kinder.tg.ch

**Öffnungszeiten** Di.–Sa. 14.00–17.00 Uhr, So. 12.00–17.00 Uhr

**Info** Naturmuseum und Museum für Archäologie Thurgau,
Freie Strasse 24, CH-8510 Frauenfeld | Tel. 0041.58.345 74 00
www.naturmuseum.tg.ch | www.archaeologie.tg.ch

**FRAUENFELD (CH)**

# Plättli-Zoo

Klein aber fein, mit viel Charme, der familienfreundliche „Plättli-Zoo", so präsentiert sich der auf der Anhöhe von Frauenfeld gelegene Tierpark, er beherbergt die verschiedensten Tierarten, Löwen, Pumas, Schimpansen, Berberaffen, auch Papageien, Eulen, Waschbären, Kamele ... beleben den Zoo. Vor allem bei Kindern beliebt sind der Streichelzoo, der Grill- und der Spielplatz. Zudem lädt das gemütliche Restaurant mit neuem Panorama-Saal und super Gartenterrasse zum Verweilen ein. Rollstuhlgängig, großer Parkplatz, Busbetrieb, Bodensee Erlebniskarte.

**Öffnungszeiten** Täglich offen, Zoo 9.00 bis 18.00 Uhr, Winter bis 17.00 Uhr, Restaurant: Mo.–Sa. 8.30 bis 22.00 Uhr, Sonn- und Feiertage 9 bis 21 Uhr

**Info** Plättli-Zoo AG, Hertenstrasse 41, CH-8500 Frauenfeld
Tel. 0041.52.720 81 91 | www.plaettli-zoo.ch

FRIEDRICHSHAFEN (D)

# Deutsche Zeppelin Reederei

**ZEPPELIN NT – die schönste Art zu fliegen**

Die Motoren surren leise. Sanft steigt der weiße Riese in die Höhe und schwebt elegant durch das Luftmeer. Der Zeppelin NT legt seinen Passagieren die Welt zu Füßen – mit beeindruckenden Perspektiven auf die vielseitige Landschaft der Bodensee-Region. Der Zeppelin NT bietet Rundflüge auf 12 verschiedenen Routen. Start und Landung ist jeweils vor dem Zeppelin Hangar in Friedrichshafen. Das Zeppelin-Erlebnis beginnt aber nicht erst beim Check-In. Das Restaurant „Zeppelin Hangar FN" verwöhnt Sie mit internationalen Köstlichkeiten – mit direktem Blick auf den Start- und Landeplatz des Zeppelins. Auch in der Zeppelin Werft gibt es viel Interessantes zu sehen: Bei einer Werft-Führung lernen Sie die Faszination der Zeppelin-Technik kennen und können die einzigartige Leichtigkeit spüren.

**Info** Deutsche Zeppelin-Reederei GmbH, Messestraße 132,
D-88046 Friedrichshafen | Tel. 0 75 41.59 00 0 | Fax 0 75 41.59 00 4 99
info@zeppelinflug.de | www.zeppelinflug.de

FRIEDRICHSHAFEN (D)

# Dornier Museum Friedrichshafen

Der Traum vom Fliegen wird wahr – auf einer Reise durch 100 Jahre Geschichte der Luft- und Raumfahrt. Riesige Flugboote, nostalgische Passagiermaschinen und spannende Exponate aus der Raumfahrt lassen den Besuch im Dornier Museum Friedrichshafen am Bodensee zu einem einmaligen Erlebnis für die ganze Familie werden. In direkter Nähe zum Flughafen beherbergt das Museum auf 5.000 qm rund 400 Ausstellungsstücke. Neben zahlreichen Originalflugzeugen sind die beiden Nachbauten Dornier Wal und Dornier Merkur Höhepunkte der Ausstellung und lassen den Pioniergeist der zwanziger Jahre des vergangen Jahrhunderts lebendig werden. Technikbegeisterte, Geschichtsinteressierte, Familien und Freunde der Luftfahrt sind herzlich willkommen im Dornier Museum Friedrichshafen.

**Öffnungszeiten** Mai bis Oktober: täglich 9–17 Uhr, November bis April: Di.–So. 10–17 Uhr, Mo. Ruhetag (außer in den Ferien und an Feiertagen)
**Info** Dornier Museum Friedrichshafen, Claude-Dornier-Platz 1 (am Flughafen), D-88046 Friedrichshafen | Tel. 07541 4873600 info@dorniermuseum.de | Alle Termine immer aktuell unter www.dorniermuseum.de

FRIEDRICHSHAFEN (D)

# Fahrradverleih in Friedrichshafen

**Mit dem Fahrrad das Bodenseeufer und das Hinterland von Friedrichshafen erkunden.**

Mit unseren sportiven City- & Mountain-Bikes steht Ihnen hierfür nichts mehr im Wege. Für die Zeit Ihres Urlaubs vermieten wir Ihnen täglich, günstig und unkompliziert unsere Fahrräder, um die wunderschöne Bodenseelandschaft hautnah zu erleben. Neu ist hierbei das Kombi-Ticket Radeln und Paddeln. Mit dem Rad zur Kanutour und wieder zurück. Telefonische Anmeldung erforderlich. Kanuverleih € 15,– pro Person und Tag, Fahrradverleih € 15,– pro Person und Tag, Kombi-Ticket (Radeln & Paddeln): € 25,– pro Person und Tag

**Öffnungszeiten** Di.–Fr. 9–13 Uhr und 14–18 Uhr, Sa. 9–14 Uhr, Mo. Ruhetag
**Info** Sport Schmidt GmbH, Scheffelstr. 4, D-88045 Friedrichshafen
Tel. 0 75 41.2 35 31 | Fax 0 75 41.3 37 53
info@sportschmidt.com | www.sportschmidt.com

**FRIEDRICHSHAFEN (D)**

# Kanu-Verleih und Kanu-Touren

**Mit dem Kajak oder Canadier die Schussen entlang.**
Unsere Schussen-Erlebnistour startet ab Kehlen zu einer etwa 2-stündigen Fahrt bis nach Eriskirch. Auf einer Strecke von ca. 10 km, vorbei an Obst- und Hopfengärten, erleben Sie „Natur Pur". Die Schussen-Erlebnistour ist nur eine unserer Aktionen. Gerne planen wir auch für Ihre Familie oder Gruppe individuelle Ausflüge mit dem Kanu. Fahrradtransport kostenlos von Kehlen bis Eriskirch. Kanuverleih € 15,– pro Person und Tag, Fahrradverleih € 15,– pro Person und Tag, Kombi-Ticket (Radeln & Paddeln): € 25,– pro Person und Tag

**Öffnungszeiten** Di.–Fr. 9–13 Uhr und 14–18 Uhr, Sa. 9–14 Uhr, Mo. Ruhetag
**Info** Sport Schmidt GmbH, Scheffelstr. 4, D-88045 Friedrichshafen
Tel. 0 75 41.2 35 31 | Fax 0 75 41.3 37 53
info@sportschmidt.com | www.sportschmidt.com

FRIEDRICHSHAFEN (D)

# Bodensee-Fähre

**Die Autofähre Friedrichshafen-Romanshorn**
Eine besondere Verbindung über den Bodensee schafft die Autofähre zwischen Friedrichshafen und Romanshorn in der Schweiz. Die „schwimmende Brücke" verbindet die beiden Städte im Stundentakt und erspart den Autofahrern rund 70 Straßenkilometer und zwei Grenzübertritte. Doch nicht nur Autos und LKW transportiert die Fähre, auch Fußgänger und Radfahrer nutzen die Verbindung für einen Ausflug auf die andere Seite oder als Ausgangspunkt für Radtouren. Während der rund 41 Minuten langen Überfahrt können die Fahrgäste nicht nur den Blick über den Bodensee genießen, sondern sich auch eine stressfreie Tasse Kaffee oder einen Imbiss gönnen. So lässt sich bei diesem grenzenlosen Schiffsvergnügen das Angenehme mit dem Nützlichen verbinden.

**Info** Bodensee-Schiffsbetriebe GmbH, Seestr. 23, D-88045 Friedrichshafen
Tel. 0 75 41.92 38-0 | Fax 0 75 41.92 38-372
faehre@bsb.de | www.bsb.de

FULL-REUENTHAL (CH)

# Militär- und Festungsmuseum

Das Schweizerische Militärmuseum Full zeigt Ihnen auf über 9000 m² Ausstellungsfläche Panzer, Artillerie-, Fliegerabwehr- und Panzerabwehrgeschütze sowie Fahrzeuge der Schweizer Armee und ausländischer Armeen, insbesondere aus dem 20. Jahrhundert.

Weltweit einzigartig ist die vollständige Präsentation von Waffen der ehemaligen Oerlikon-Bührle AG. Eine besondere Attraktion ist unsere Zinnfiguren-Austellung. Das einstige Artilleriewerk Reuenthal ist seit 1989 ein Museum und zeigt den originalen Schauplatz, wie er einst 1937/38 erbaut wurde. Die beiden Museen sind mit einem Wanderweg (2,3 km) verbunden.

**Öffnungszeiten** Anfang April bis Ende Oktober
Militärmuseum: Fr.–So. 10–17 Uhr; Festungsmuseum: Sa. 13–17 Uhr
**Info** Schweizerisches Militär-und Festungsmuseum, Full-Reuenthal
Tel. 0041.62.772 36 06 | www.festungsmuseum.ch

GAIENHOFEN (D)

# Hesse Museum Gaienhofen

Das Hesse Museum Gaienhofen zeigt neben seiner Sammlung zur Künstler- und Literaturlandschaft der Halbinsel Höri die neu konzipierte Dauerausstellung „Gaienhofener Umwege. Hermann Hesse und sein 1. Haus" am authentischen Ort. Die ehemalige Wohn- und Arbeitsstätte des Schriftstellers und späteren Nobelpreisträgers Hermann Hesse in den Jahren 1904 bis 1907 gehört heute zum Museum. Wechselnde Sonderausstellungen und Veranstaltungen runden das Angebot ab. Das Museumscafé lädt zum Verweilen ein.

**Öffnungszeiten** 15.3.–1.11.: Di.–So. 10–17 Uhr, 2.11.–14.3.: Fr.–Sa. 14–17 Uhr, So. 10–17 Uhr, Öffentliche Führungen: Mai bis Oktober, samstags 14.30 Uhr
**Info** Hesse Museum Gaienhofen, Kapellenstraße 8, D-78343 Gaienhofen, Tel. 0 77 35.44 09 49 | www.hesse-museum-gaienhofen.de
hesse-museum@gaienhofen.de

GAIENHOFEN (D)

# s´Plätzle am See

**Ein „Plätzle" mit Herzblut**

Sie haben endlich Urlaub oder Feierabend und möchten an einem der schönsten „Plätzle am See" auf der Höri einen Wurstsalat essen, einen Schorle trinken oder einen selbstgebackenen Kuchen essen?... Dann sind Sie hier am richtigen Ort. Corinna und Franziska sorgen dafür, daß es Ihnen an nichts fehlt. Mit Liebe bis in's letzte Detail und einer umfangreichen Vesperkarte ist das „Plätzle am See" zu einem unvergleichbaren schönen Location geworden.

**Öffnungszeiten** täglich von 10–19 Uhr, bei schönem Wetter auch länger, bei schlechtem Wetter ist geschlossen

**Info** s´Plätzle am See, Corinna Blondzik-Burgo und Franziska Ehret, Schlossstr. 12, 78343 Gaienhofen | Tel. 01 74.8 31 30 15
info@splaetzleamsee.de | www.splaetzleamsee.de

GAIENHOFEN-HORN (D)

# Hotel Gasthaus Hirschen

**Der Geheimtipp am Bodensee**

Einladung zum rundum Wohlfühlen – auf der Halbinsel Höri

- Ausgezeichnete, regionale Feinschmeckerküche
- Traditionsreiches Haus mit einem der schönsten Gärten am Bodensee
- Exklusive Zimmer, Panoramasuiten und Ferienwohnungen
- Wellness-Oase mit großer Liegewiese u. beheiztem Außenpool
- Schöner Seeblick in einzigartiger Lage mit Anschluss ans Naturschutzgebiet
- Pauschalarrangements unter: www.hotelhirschen-bodensee.de

**Info** Hotel GASTHAUS HIRSCHEN, Inh. Karl Amann, Kirchgasse 3,
D-78343 Gaienhofen-Horn | Tel. 0 77 35.9 33 80 | Fax 0 77 35.93 38-59
info@hotelhirschen-bodensee.de | www.hotelhirschen-bodensee.de

### GAIENHOFEN-HORN (D)

# Seerestaurant Schlössli

**Genießen Sie das herrliche Bodensee-Panorama, ob auf der Seeterrasse oder im neu gestaltetem Restaurant.**
Wenn Sie gerne direkt am See sitzen und in herzlicher Atmosphäre regionale Köstlichkeiten genießen möchten, dann sind Sie im „Schlössli" genau richtig!
Ob Radfahrer oder Biker, ob junge Familien oder lebenserfahrene Gäste, ob Besucher oder Einheimische, die große Terrasse mit den alten Platanen lockt alle Frischluftfreunde zu uns. Im Restaurant erwarten Sie ein gemütlich-moderner Gastraum, ein Wintergarten mit traumhaftem Blick und natürlich unsere regionalen Genüsse aus der Küche!
Unser Ziel: Ihnen ein paar unvergesslich schöne Momente zu bereiten!

**Info** Schlössli Horn, Hornstaader Straße 43, 78343 Gaienhofen-Horn
Tel. 0 77 35/20 41 | www.schloessli-horn.de

GAILINGEN (D)

# Gailingen am Hochrhein

Gailingen, die Erlebniswelt am Hochrhein, liegt in der malerischen Landschaft der Hegau-Vulkane zwischen Bodensee, Schwarzwald und Alpen, direkt an der Schweizer Grenze und gehört mit seinen ca. 2.850 Einwohnern zu den südlichsten Gemeinden Deutschlands, ziemlich genau zwischen den Schweizer Touristikmetropolen Stein am Rhein und dem Rheinfall bei Schaffhausen. Besonders unser Rheinuferpark lädt zum relaxen ein. Genießen Sie den Hochrhein zwischen Bodensee und Stein am Rhein, einer der schönsten Flussläufen Europas. Die imposante Holzbrücke über den Rhein nach Diessenhofen (Schweiz) ist das Wahrzeichen Gailingens und verbindet die beiden Länder. Mit unserem Premiumwanderweg „Grenzgänger", dem 3 Welten-Radweg, den vielen Wanderstrecken in und um Gailingen, sowie dem Bodenseeradweg der am Rheinuferpark vorbeiführt, ist Gailingen ein Paradies für Wanderer, Radfahrer und Erholungssuchende.

**Info** Tourist-Information und Bürgerservice (TIBS),
Hauptstraße 7, D-78262 Gailingen am Hochrhein,
Tel. 07734 9303-20 | Fax 07734 9303-23 | www.gailingen.de

GEISINGEN (D)

# Arena Geisingen

Direkt an der A 81 bietet die weltweit einzigartige Halle für Inlineskating Besuchern jeden Alters tolle Freizeitangebote. Ganzjähriger Skatespaß ist hier angesagt: Auf dem Skatekurs im Grünen, in der Halle auf der 200-m-Bahn oder beim Inlinehockeyspiel im Infield. Eine Pause lässt sich im Biergarten (mit Beachvolleyballfeld) oder im Bistro neben der Bahn einlegen.

**Eintritt** Tageskarte: Kinder u. Jugendliche € 4,–, Erwachsene € 7,–; Auszubildende und Rentner € 5,–. (Familien- u. Gruppenrabatte).
**Öffnungszeiten** Di.–Sa. ab 9.30 Uhr, So. ab 10.30 Uhr (Mo. Ruhetag), ganzjährig geöffnet, aktuelle Belegungen und Öffnungszeiten auf www.arena-geisingen.de
**Info** arena geisingen GmbH, Am Espen 16, D-78187 Geisingen
Tel. 07704.9233980 | www.arena-geisingen.de

HEILIGENBERG (D)

# Schloss Heiligenberg

- Prachtvolle Renaissancefassade
- Eingangshalle
- Schlossküche
- Rittersaal
- Schlosskapelle
- Blick über den Linzgau auf den Bodensee

**Besichtigung** Ostersamstag bis 31.10. nur mit Führungen täglich (außer montags) 11.00 Uhr, 14.00 Uhr und 15.30 Uhr, auf Anmeldung Sonderführungen möglich **Info** Tourist-Information, D-88633 Heiligenberg/ Bodensee | Tel. 0 75 54/99 83 12

HOHENEMS (A)

# Jüdisches Museum Hohenems

Eingerichtet in der 1864 erbauten Villa Heimann-Rosenthal spannt das Museum den Bogen vom 17. Jahrhundert bis in die Gegenwart, von der unsicheren Existenz der „Schutzjuden" über religiöses Leben und bürgerliche Emanzipation bis zur Verfolgung, Flucht und Vernichtung im Nationalsozialismus. Individuelle Lebensgeschichten und Objekte erzählen von einem Leben zwischen Migration und Heimat, Tradition und Veränderung. Das Museum bietet mehrsprachige Audio-Guides und eine Kinderausstellung ab 6 Jahren. Im Museumscafé werden die Besucher mit jüdischem Hochzeitskuchen und Kaffee, Bagels und koscherem Wein verwöhnt – im Sommer auch draußen im Garten. Vor den Toren der Stadt kann der seit 1617 angelegte Jüdische Friedhof besichtigt werden.

**Öffnungszeiten** Museum und Café: Di. bis So. und an Feiertagen 10–17 Uhr Gruppenführungen: Museum, Jüdisches Viertel und Jüdischer Friedhof nach Voranmeldung **Info** Jüdisches Museum Hohenems, Schweizer Straße 5, A-6845 Hohenems | Tel. 0043.5576.73 98 90 | office@jm-hohenems.at www.jm-hohenems.at

HEMMENHOFEN (D)

# Seehotel Höri am Bodensee

Das HOERI bietet für das Wohlbefinden Zimmer und Suiten in verschiedenen Kategorien, Schwimmbad, Sauna und das Babor Spa. Über unsere große Liegewiese haben Sie direkten Zugang zum See. Der kulinarische Genuss kommt im Restaurant nicht zu kurz.

Im HOERI finden Sie den Komfort und das Ambiente für einen perfekten Aufenthalt. Wir bieten Ihnen 80 Zimmer in verschiedenen Kategorien. Im Wellnessbereich mit Schwimmbad, Sauna, Dampfbad, Solarium und der großen Beauty-Farm Babor Spa gewinnen Sie Abstand vom Alltag. Unser Restaurant und die Seeterrasse verwöhnen jeden Gaumen. Die 3000 qm große Liegewiese lädt zur Entspannung ein und verfügt über einen eigenen direkten Seezugang. Für Tagungen stehen Ihnen 5 Räume (bis zu 200 qm) zur Verfügung.

**Info** Hotel HOERI AM BODENSEE, Familie Schaffer,
Uferstraße 20–23, D-78343 Gaienhofen/Hemmenhofen
Tel. 0 77 35.8 11-0 | Fax 0 77 35.8 11-222
info@hoeri-am-bodensee.de | www.hoeri-am-bodensee.de

HEMMENHOFEN (D)

# Biergarten UFER 24

Herrlich entspannt lässt es sich im Biergarten UFER 24 sitzen. Bei Spätburgunder, Hefeweizen oder einer zünftigen Brotzeit ist der Blick über den Bodensee unübertroffen.

Schwäbische Gemütlichkeit und altbayerische Gastfreundschaft verkörpern süddeutsches Lebensgefühl. Auf urigen Sitzgarnituren aus dem Schwarzwald und Strandliegen direkt am Wasser genießen die Gäste Bodenseefeeling in vollen Zügen. Dieser Flecken Hemmenhofen ist, nicht zuletzt durch sein ausgesprochen freundliches Personal, eine echte Bereicherung für die Halbinsel Höri.

**Öffnungszeiten** geöffnet ab 11 Uhr bei gutem Wetter
**Info** Biergarten UFER 24, Uferstraße 24, 78343 Hemmenhofen
Tel. 0 77 35.81 10 | Facebook: UFER 24 Der Biergarten am Bodensee

INSEL MAINAU (D)

# Insel Mainau – Ein Paradies mitten im Bodensee

Üppige Blütenpracht das ganze Jahr über, ein Park mit einem über 150 Jahre alten Baumbestand, der barocke Glanz von Schlossanlage und Kirche, dazu der mediterrane Charakter – das ist die Mainau, die Blumeninsel im Bodensee. Das Frühjahr zeigt sich entlang der Frühlingsallee mit über eine Million Tulpen besonders farbenprächtig.

Rosen im Sommer und Dahlien im Herbst laden zur Wahl der schönsten Blüte. In einem der größten Schmetterlingshäuser Deutschlands können rund 80 exotische Schmetterlingsarten aus der Nähe beobachtet werden. Glanzvolle Events wie das „Gräfliche Inselfest" und das „Gräfliche Schlossfest" runden das Angebot ab. Jede Menge Naturerlebnis, Spaß und Abwechslung für die kleinen Gäste bieten „Wasserwelt", „Blumis Uferwelt" und „Zwergendorf", welche zu den schönsten Spielplätzen am Bodensee zählen. Ein Highlight ist die spannende Schatzsuche. Auch die Köche der Insel Mainau versetzen ihre Gäste in konträre kulinarische Welten des höfischen Lebens, aber auch des einfachen Landvolks. Im traditionsreichen Restaurant Schwedenschenke können sich die Gäste von Küchenchef Herbert Brand auf eine epochale Reise durch die Jahrhunderte entführen lassen: Ob Lauch-Weinsuppe, Schweinemedaillons in Dunkelbiersauce oder Barockkrem mit hausgemachtem Birnenkompott – hier können längst vergangene Tage erschmeckt werden.

**Öffnungszeiten** Ganzjährig von Sonnenaufgang bis Sonnenuntergang.
**Info** Insel Mainau , Mainau GmbH, D-78465 Insel Mainau
Tel. 0 75 31.3 03-0 | Fax 0 75 31.3 03-248
info@mainau.de | www.mainau.de

KONSTANZ (D)

# Archäologisches Landesmuseum Baden-Württemberg in Konstanz

**Sonderausstellung: Archäologie und Playmobil – DIE PFAHLBAUTEN!**

In drei nachgebauten Pfahlbausiedlungen aus der Stein- und Bronzezeit wird mit viel Humor, Hunderten von PLAYMOBIL-Figuren und liebevoll detaillierten Modellen das Leben und Schaffen zwischen den Pfahlbauhäusern dargestellt. Dabei flossen die neuesten wissenschaftlichen Erkenntnisse aus archäologischen Ausgrabungen ein, so dass das ALM die Pfahlbauwelt so zeigen kann, wie sie wirklich war! DIE PFAHLBAUTEN! gibt in vielen kleinen Szenen einen umfassenden Einblick in die faszinierende Welt der Pfahlbaumenschen und ermöglicht einen wunderbar leichten und eingängigen Einstieg in das turbulente Treiben vor Tausenden von Jahren am Bodensee und in Oberschwaben. Eine Ausstellung für Kinder, Jugendliche und Erwachsene gleichermaßen! Jeden Sonntag um 11 Uhr öffentliche Führungen.

**Info** Archäologisches Landesmuseum Baden-Württemberg,
Benediktinerplatz 5, D-78467 Konstanz | Tel. 0 75 31.98 04-0
Fax 0 75 31.684 52 | info@konstanz.alm-bw.de | www.konstanz.alm-bw.de

KONSTANZ (D)

# Bodensee-Schiffsbetriebe Konstanz

**Mit der Weißen Flotte auf Erlebnisfahrt**

Von April bis Oktober bringen die Schiffe der Bodensee-Schiffsbetriebe (BSB) ihre Gäste zu den schönsten Ecken des Bodensees. Eine Panorama-Rundfahrt mit einmaligem Blick auf die Alpenlandschaft, entspannende Ausflüge nach Österreich und in die Schweiz oder doch lieber ein Musik-Frühstück mit Livemusik? Egal, was man sucht – die BSB halten für jede Stimmung das Richtige bereit. Und mit den Kombitickets fährt man besonders günstig. Denn sie enthalten neben der Schifffahrt bereits den Eintritt zu zahlreichen Attraktionen wie dem „Sea Life"-Center in Konstanz oder für die Blumeninsel Mainau. Highlights wie die Kreuzfahrten zu den Bregenzer Festspielen oder die Internationale Flottensternfahrt sind ebenfalls fester Bestandteil des Jahresprogramms. Willkommen an Bord!

**Info** Bodensee-Schiffsbetriebe GmbH, Hafenstr. 6, D-78462 Konstanz
Tel. 0 75 31.36 40-0 | Fax 0 75 31.36 40-373 | info@bsb.de | www.bsb.de

KONSTANZ & FRIEDRICHSHAFEN (D)

# Katamaran – Zwischen Konstanz & Friedrichshafen

Mit dem Katamaran über den See – die bequeme und komfortable Reise von Konstanz nach Friedrichshafen und zurück übers Wasser. Ganzjährig im Stundentakt legen die schnittigen Schiffe „Constanze", „Fridolin" und „Ferdinand" zwei Minuten nach der vollen Stunde ab und bringen die Fahrgäste in nur 52 Minuten über den See – im Sommer sogar bis Mitternacht: Denn von Mitte Mai bis Anfang Oktober ist der AbendKat an Wochenenden unterwegs. Dazu gibt es Ausflugs- oder Rundfahrten.
Stündlicher Linienverkehr zwischen Friedrichshafen und Konstanz.
Anlegestellen direkt in den Innenstädten Abendverkehr im Sommer.
Wlan, Bistro, Bord-TV, Fahrradmitnahme.

Info Der Katamaran, Anlegestellen Hafen Friedrichshafen & Konstanz
Tel. 07531 3639320 | info@der-katamaran.de | www.der-katamaran.de

KONSTANZ & MEERSBURG (D)

# Fähre Konstanz – Meersburg

**Unterwegs bei Tag und Nacht**

Traumhafte Ausblicke genießen Passagiere der Autofähre bei der Fahrt über den Bodensee. Die „Schwimmende Brücke" verbindet seit mehr als 80 Jahren die beiden Städte Meersburg und Konstanz. Jährlich befördern die Fährschiffe etwa 4,25 Millionen Fahrgäste und 1,46 Millionen Fahrzeuge. Die Fähre bietet außerdem Gelegenheit, eine Viertelstunde lang die Beine hochzulegen und zu entspannen. Denn während die Gäste mit dem Fahrrad, PKW oder zu Fuß auf die andere Seeseite übersetzen, können sie sich von der Bordgastronomie verwöhnen lassen und den herrlichen Panoramablick auf das Bodenseeufer und die Alpen genießen. In der hochsensiblen Bodenseeregion ist Umweltschutz ein wichtiges Thema, auch für den Fährebetrieb der Konstanzer Stadtwerke. Deshalb sind alle Fähren mit modernen, kraftstoffsparenden und emissionsarmen Motoren unterwegs.

Info www.faehre-konstanz.de

KONSTANZ (D)

# Rosgartenmuseum Konstanz – Kultur des Mittelalters

Lebendiges Mittelalter mitten in Konstanz: Im 1454 entstandenen ehemaligen Zunfthaus der Metzger mit seinen einzigartigen originalgetreu erhaltenen Räumen wird die Konstanzer Stadtgeschichte greifbar. Die Dauerausstellung ist spannend auf hohem Niveau: Bedeutende Bildwerke, Skulpturen und Kunsthandwerk der Kunst und Kulturgeschichte der Bodenseelandschaft, eine frühneuzeitliche Schatz- und Wunderkammer, die konfliktreiche Geschichte zwischen „Sauschwaben" und „Kuhschweizern", Heckers Aufstand von 1848 und die Schicksale Verfolgter während des Dritten Reichs werden anschaulich präsentiert. Das stilvolle historische Museumscafé mit Innenhof lädt zum Verweilen ein.

**Öffnungszeiten** Di.–Fr. 10.00–18.00 Uhr, Sa./So./Feiertag: 10.00–17.00 Uhr
**Info** Rosgartenmuseum, Rosgartenstraße 3–5, 78462 Konstanz
Tel. 0 75 31 90 02 45 | Rita.Frank@konstanz.de | www.konstanz.de

KONSTANZ (D)

# Velotours Touristik

**Sie möchten den Bodensee bequem mit dem Fahrrad erkunden?**
Ein Urlaub mit dem Fahrrad ist eine wohlausgewogene Mischung aus Vergnügen, Erholung, Aktivität, Geselligkeit und Kultur. Entdecken Sie atemberaubende Landschaften naturnah auf dem Fahrrad. Velotours Touristik lässt Ihren Radurlaub sicher zu einem unvergesslichen und erholsamen Erlebnis werden. Wir bieten einen exzellenten Service, kompetente Kundenbetreuung und -beratung, einen reibungslos funktionierenden Gepäcktransport, sorgfältig ausgewählte Unterkünfte sowie bestens gewartete Räder. Seit mehr als drei Jahrzehnten gehört Velotours Touristik zu den Spezialisten bei Radreisen und somit zu den erfahrensten Radreiseveranstalter Deutschlands.

**Info** Velotours Touristik GmbH, Bücklestraße 13, D-78467 Konstanz
Tel. +49 (0)75 31/98 28-0 | Fax +49 (0)75 31/98 28-98
info@velotours.de | www.velotours.de

KONSTANZ (D)

# Sea Life Konstanz

In der neuen Sonderausstellung erwartet Sie die faszinierende Welt der Kraken. Diese Meeresbewohner sind äußerst geschickt und haben erstaunliche geistige Fähigkeiten.

Neben der neuen Sonderausstellung zeigt das SEA LIFE Konstanz eine beeindruckende Welt der Süß- und Salzwasserfische. Folgen Sie dem Lauf des Rheins von den Alpengletschern zum Bodensee und bis in den Rotterdamer Hafen, wo er schließlich in die Nordsee mündet. Durchqueren Sie den Lebensraum des Roten Meeres in einem acht Meter langen Acryltunnel und erleben Sie atemberaubend nahe Begegnungen mit den prächtigen Meeresbewohnern.

Der 2015 neu gestaltete Themenbereich „Regenwald" wird Sie mit seinen faszinierenden Tieren wie zum Beispiel den Piranhas, Pfeilgiftfröschen und Basilisken begeistern! Klirrende Kälte und glitzernde Eisschollen erwarten Sie am Ende des Rundgangs: Begeben sich auf eine abenteuerliche Expedition in die Antarktis und treffen Sie auf unsere 10 drolligen Eselpinguine.

**Öffnungszeiten** September–Juni: 10–17 Uhr; Juli, August: 10–18 Uhr
24.12. geschlossen, letzter Einlass jeweils eine Stunde vor Schließung.
**Info** SEA LIFE Konstanz GmbH, Hafenstraße 9, D-78462 Konstanz
Buchungsnummer: 0 18 06.66 69 01 01 (0,20 €/Anruf aus dem dt. Festnetz, Mobilfunk max. 0,60 €/Anruf) | slc.konstanz@sealife.de | www.sealife.de

KONSTANZ (D)

# Theater Konstanz

**Herzlich Willkommen am Theater Konstanz**

Sie wollen wirklich etwas erleben am Bodensee? Etwas worüber es sich zu erzählen lohnt? Kommen Sie nach Konstanz und besuchen Sie das Theater. Die älteste dauerhaft bespielte Bühne Deutschlands und jung wie eh und je! Mit einem Programm, das weder Klassiker, noch zeitgenössische Autoren außen vor lässt, das politisch ambitioniert ist, Position bezieht, noch Unterhaltung und Witz scheut. Ein Theater mit einer Strahlkraft weit über die Region hinaus. 2014 wurde das Theater Konstanz in einer Umfrage des Theatermagazins „Die Deutsche Bühne" zu Deutschlands meist beachtetem Theater außerhalb der großen Zentren gekürt. Für „und wenn sie gingen" von Rebecca C. Schnyder, eine Inszenierung von Claudia Brier, werden Sie sogar auf den Gipfel des Säntis eingeladen. In Kooperation mit der Schweizerischen Säntisbahn-AG zeigt das Theater Konstanz ein packendes Kammerspiel um Klara und Elis, zweier in einem verlassenen Bergdorf hausender Frauen, und einem Fremden aus der Stadt.

Gespielt wird mit eigenem Ensemble in drei Spielstätten: Stadttheater, Werkstatt und Spiegelhalle. Ebenfalls am Haus etabliert: das „Junge Theater", eine Kinder- und Jugendabteilung.

Mehr erleben mit dem Theater Konstanz! Wir freuen uns auf Sie.
Theaterprogramm: www.theaterkonstanz.de

**Öffnungszeiten** Theaterkasse: Montag–Freitag durchgehend von 10–19 Uhr, Samstag 10–13 Uhr und jeweils eine Stunde vor Vorstellungsbeginn.
**Info** Stadttheater Konstanz, Konzilstraße 11, D-78462 Konstanz
Tel. 0 75 31.900-150 | Ticketfax 0 75 31.900-12150
theaterkasse@konstanz.de | www.theaterkonstanz.de

Fotos: Ilja Mess

KONSTANZ (D)

# Hotel-Restaurant Waldhaus Jakob

**Nah am Zentrum und doch im Grünen**

Als neuer Geheimtipp in Konstanz gilt das 1823 erbaute und im Frühjahr 2006 renovierte traditionelle Waldhaus Jakob. Die idyllische Lage im Freizeit- und Erholungsgebiet Horn, in der Nähe des Sees, dem Strandbad und der neu eröffneten Bodenseetherme, machen das Waldhaus Jakob zu einer der neuen Spitzenadressen in Konstanz für Hotel und Gastronomie. Das mit französischem Flair neu gestaltete Restaurant bietet eine gehobene Küche, die keine Wünsche offen lässt. In der warmen Zeit locken ein Biergarten und eine Gartenterrasse die Gäste ins Freie. Die 36 Zimmer sind mit viel Komfort wie Dusche, WC, TV, Direktwahltelefon ausgestattet.
Ebenso ist W-Lan Internetzugang verfügbar.

**Info** Hotel-Restaurant Waldhaus Jakob, Eichhornstraße 84,
D-78464 Konstanz | Tel. 0 75 31.81 00-0 | Fax 0 75 31.81 00-67
info@waldhaus-jakob.de | www.waldhaus-jakob.de

KONSTANZ (D)

# Yachtcharter Konstanz

Zur Flotte gehören 9 Segelyachten von 28–39 Fuß und eine geräumige Motoryacht. Die Segelyachten bieten je nach Größe Platz für 4–8 Personen, die Motoryacht kann mit bis zu 8 Personen belegt werden. Alle Boote haben eine gute Grundausstattung.
Bodenseeschifferpatent oder ein Gastpatent, welches von uns beantragt werden kann, sind Vorraussetzungen. Auf Anfrage können Sie auch einen Skipper buchen. Unsere Yachten können Sie für die Dauer von: Einem Wochenende (Freitag–Sonntag), fünf Tage (Montag–Freitag) oder wochenweise gebucht werden. Parkmöglichkeiten sind direkt am Charterbetrieb vorhanden.

**Info** Yachtcharter Konstanz, Peter Gruben, Hafenstr. 7b, D-78462 Konstanz
Tel. 0 75 31.363 39 70 | Fax 0 75 31.363 39 71
charter@gruben.de | www.yachtcharter-Konstanz.de

KONSTANZ (D)

# Bodensee-Therme Konstanz

**Eintauchen und abschalten:** Die Bodensee-Therme Konstanz besticht durch ihre einzigartige Lage direkt am Ufer des Bodensees. Während sich die Gäste vom warmen Thermalwasser umspülen lassen, genießen sie den herrlichen Blick über das Alpenpanorama. Nach dem Saunagang ist die sanfte Brise des Bodensees erfrischend. Wärme, Muse, Balance, Emotion – die in großen Lettern auf der Glasfront der Therme Konstanz abgedruckten Begriffe sind Programm. Im großzügig angelegten Thermalbecken entspannt man auf Sprudelliegen oder lässt sich von unterschiedlich positionierten Düsen sanft massieren. Der 36 Grad warme Quelltopf heizt so richtig ein. Ein besonderes Erlebnis ist ein Bad im großen Außenbecken. Bei 34 Grad Wassertemperatur kann man selbst im Winter ein Bad im Freien mit Blick auf den See nehmen.

**Öffnungszeiten** Tägl. von 9–22 Uhr, Sauna ab 10 Uhr. Di. Damensauna (außer an Feiertagen und während der Schulferien in Baden-Württemberg) **Info** Bodensee-Therme Konstanz, Zur Therme 2, 78464 Konstanz | Tel. 0 75 31/36 30-70 kontakt@konstanzer-baeder.de | www.therme-konstanz.de

Die Saunalandschaft bietet eine Vielzahl an Möglichkeiten: Die Panorama-Sauna heizt mit 100 Grad richtig ein; stündliche Aufgüsse in verschiedenen Varianten gibt es in der Aufguss-Sauna (95 Grad).
In der Kleinkinder-Erlebniswelt lädt ein großzügiges Kleinkinderbecken mit Bodenbrodler, Wasserpilz und Schiffchenkanal zu Spiel und Spaß ein.

**Erfrischung an heißen Tagen:** Während der Sommermonate von Mai bis Oktober steht den kleinen und großen Wasserratten die Außenanlage der Bodensee-Therme zur Verfügung: Im 50-Meter-Becken ziehen Schwimmbegeisterte ihre Bahnen, während sich Kinder im großen Nichtschwimmerbecken vergnügen.

### KONSTANZ (D)

# HOTEL 47° – Ganter Hotels

Direkt an der Konstanzer Seerhein-Promenade gelegen, bietet das 2014 eröffnete Hotel 47° die ideale Kombination aus Business, Wellness & Freizeit. Klare Linien, schnörkelloses Design, hochwertige Materialien und warme Erdtöne mit Farbakzenten verbinden sich zu einer Wohlfühlatmosphäre mit Komfort.

Das 47° verfügt über insgesamt 89 Doppelzimmer verschiedener Kategorien bis hin zu den 10 Studios mit 40 qm Fläche. Bodentiefe Fenster, viel natürliches Licht, klare Linien, wohnliche Farbe und edle Materialien sorgen für ein einzigartiges Ambiente.

Mit Blick auf den Seerhein erleben Sie im Restaurant „Friedrichs" Genuss pur. Entdecken Sie eine regionale und kreativ-frische Küche in zwangloser Atmosphäre. Die angeschlossene Bar lockt mit einem breitgefächerten Angebot aus internationalen Klassikern, aktuellen Trend-Cocktails und originellen Eigenkreationen.

Für den Ausgleich sorgt der 300 qm große Wellnessbereich auf der 6. Etage. Genießen Sie wohlige Wärme in drei verschiedenen Saunen und erleben Sie Momente vollkommener Ruhe während entspannenden Massagen und regenerierenden Kosmetikanwendungen. Die angeschlossene Dachterrasse bietet einen Panoramablick über die Schweizer Alpen, die Konstanzer Altstadt und den Bodensee.

Mit sechs modernen Konferenzräumen und maßgeschneiderten Rahmenprogrammen bietet das Hotel alles, was für eine erfolgreiche Tagung nötig ist.

**Info** HOTEL 47°, Reichenaustraße 17, 78467 Konstanz
Tel 0 75 31.1 27 49-0 | 47@47grad.de | www.47grad.de

KREUZLINGEN (CH)

# Region Kreuzlingen

Zwischen Seerücken und Bodensee erstreckt sich die Region Kreuzlingen mit der Stadt Kreuzlingen als Zentrum. Sie ist die größte Schweizer Stadt am Bodenseeufer. Die einzigartige Grenzlage macht sie zum idealen Ausgangsort für Exkursionen im ganzen Bodenseeraum.
Egal ob ins Naturschutzgebiet Lengwiler Weiher, ins Museum Rosenegg oder ins Planetarium in Kreuzlingen. Der Seeburgpark in Kreuzlingen ist eine öffentliche Parkanlage mit großem Kinderspielplatz und kleinem Tierpark und dem bekannten Seemuseum, direkt am Bodensee gelegen. Fürs Velofahren, Schwimmen, Skaten oder Wandern ist die Thurgauer Region am Bodensee ebenfalls ein Paradies.

**Info** Kreuzlingen Tourismus am Bodensee, Hauptstraße 39,
CH-8280 Kreuzlingen Tel. 0041 (0)71 6723840
info@kreuzlingen-tourismus.ch | www.kreuzlingen-tourismus.ch

KREUZLINGEN (CH)

# Planetarium-Sternwarte Kreuzlingen

Willkommen im ersten Planetarium am Bodensee und in der Sternwarte Kreuzlingen! Erleben Sie unseren nächtlichen Sternenhimmel in wechselnden Multimedia-Shows dank moderner Fulldome Technik. Wir zeigen Ihnen ein grandioses Universum in einer Reise an den Rand der Welt. Die bewegten Bilder mit ihrer dreidimensionalen Wirkung lassen das Gefühl erwachen, als würde man inmitten des Weltalls durch Raum und Zeit schweben.
In der Sternwarte können allwöchentlich der Mond, Planeten, Sternhaufen, Gasnebel und Galaxien beobachtet werden und von der Dachterrasse aus die Sternbilder, die sich gerade am Nachthimmel zeigen. Wir freuen uns auf Ihren Besuch!

**Öffnungszeiten** Sternwarte geöffnet: jeden Mittwoch ab 19 Uhr
Planetarium: im Internet finden Sie Ihr passendes Kinder-, Familien- und Erwachsenenprogramm mit den Vorführzeiten. **Info** Planetarium-Sternwarte Kreuzlingen, Breitenrainstr. 21, CH-8280 Kreuzlingen | Tel. 0041.71.6773800
info@planetarium-kreuzlingen.ch | www.planetarium-kreuzlingen.ch

KYBURG (CH)

# Museum Schloss Kyburg

Unweit von Winterthur, mitten im Grünen, steht seit über 800 Jahren die Kyburg, einst Sitz des gleichnamigen Grafengeschlechts, später Habsburgischer Verwaltungssitz und Aufbewahrungsort der Reichskleinodien, dann Jahrhunderte lang Landvogtschloss im Besitz Zürichs. In der immer bewohnten mittelalterlichen Burganlage entführt die Dauerausstellung in den Burgenalltag der vergangenen Jahrhunderte: mittelalterliche Küchendüfte, Schlupfgewänder zum Anprobieren, frühneuzeitliche Waffenkammer und Folterkammer sowie eine Kapelle mit hervorragenden Malereien des 15. Jahrhunderts.

**Öffnungszeiten** Sommer (März bis Oktober), Di. bis So. 10.30–17.30 Uhr
**Info** Museum Schloss Kyburg, Schloss 1, CH-8314 Kyburg
Tel. 0041.52.232 46 64 | museum@schlosskyburg.ch
www.schlosskyburg.ch

LANGENARGEN (D)

# Langenargen

Langenargen liegt in herrlicher Südlage am württembergischen Bodenseeufer mit weiter Aussicht auf den See, das Schweizer Ufer und das Alpenpanorama. Das 1866 im maurischen Stil erbaute Schloss Montfort ist das Wahrzeichen Langenargens. Im mediterranen Ambiente Ruhe und Erholung finden und dennoch abwechslungsreiche Urlaubstage verbringen, dafür ist Langenargen ein gutes Urlaubsdomizil. Der anerkannte Erholungsort, umgeben von Obstplantagen, mit einer herrlichen Uferpromenade am See und einem bedeutenden historischen Ortskern, bietet ein vielseitiges Unterhaltungs- und Freizeitangebot. Die sanfte Hügellandschaft lädt zum Wandern, Spazieren gehen, Radfahren und Inlineskaten ein. Wer es lieber ruhiger mag, kann vom eigenen Schiffsanlegesteg Ausflüge mit der Bodenseeflotte auf dem Bodensee unternehmen. Tipp: Viel Spaß haben Familien mit Kindern auf unserem neuen Seespielplatz in den Uferanlagen.

**Info** Tourist-Information Langenargen, Obere Seestraße 2/1,
D-88085 Langenargen | Tel. 0 75 43 93 30 92 | Fax 0 75 43 93 30 55 38
www.langenargen.de

LINDAU (D)

# Limare – Familien und Vitalbad Lindau

Hier vergessen Groß und Klein den Alltag ganz bestimmt. Ausspannen, Faulenzen, Spaß haben: Im Limare werden diese Ansprüche erfüllt. Aktive stürzen sich ins Sportbecken, ins Spaßbad mit Strömungskanal, Wasserpilz, Whirlsitzen und -liegen, ins Dschungelparadies im Mutter-Kind-Bereich oder lassen in der außergewöhnlichen Saunalandschaft die Seele baumeln. An der Sauna-Bar und im Familienbad bieten wir Snacks und Getränke an.

**Öffnungszeiten** Familienbad/Spaßbad: Mo. geschlossen, Di.–Fr. 13.30–18 Uhr, Sa.–So. 10–21 Uhr; Vitalbad (Sauna): Mo. geschlossen, Di.–Fr. 14–22 Uhr, Sa.–So. 10–21 Uhr, jeden Mi. Damensauna

**Info** LIMARE – Familien- und Vitalbad Lindau, Bregenzer Straße 37, D-88131 Lindau | Tel. 0 83 82/7 04-130 | Fax 0 83 82/7 04-140
a.hecht@bb-lindau.de | www.baederbetriebe-lindau.de

MECKENBEUREN (D)

# Meckenbeuren

Abseits vom großen Tourismus, in unmittelbarer Nachbarschaft zum Bodensee und zu den Alpen gelegen, bietet Meckenbeuren vielfältige Urlaubs- und Freizeitmöglichkeiten. Haben Sie Interesse für Geschichte, Kultur und Tradition? Meckenbeuren bietet auch hier zahlreiche Sehenswürdigkeiten. Das Humpisschloss Brochenzell, heute als Gaststätte und Museum genutzt, spiegelt die Geschichte der Handelszüge zu Zeiten der Herren von Humpis wider. Ebenso das Radwegenetz. Um eine zukunftsgerichtete Mobilität zu fördern baut die Gemeinde die Infrastruktur für E-Mobility und E-Bikes weiter aus. Für das gesamte Gebiet gibt es eine Wander- und Radwanderkarte. Urlaubermagnet ist der Freizeitpark „Ravensburger Spieleland".

**Info** Reisebüro im Bahnhof – Tourist Information, Bahnhof 1,
D-88074 Meckenbeuren | Tel. 0 75 42.93 62 44
Zimmervermittlung: Tel. 0 75 42.929 68 00
meckenbeuren@reisebuero-im-bahnhof.de | www.meckenbeuren.de

MAMMERN (CH)

# Gasthof Schiff Mammern

Das Schiff ist nicht nur ein Gastronomiebetrieb, sondern auch das zu Hause der Familie Meier, welche mit 3 Generationen im Schiff vertreten ist.

Kontinuierliche Qualität, Tag für Tag, ist die Überzeugung und der Ansporn der Gastgeberfamilie. Die Gäste mit frischen und regionalen Produkten zu verwöhnen ist die Passion der Familie Meier. Lebensmittel aus eigener Produktion, Jagd oder Fischerei, mit viel Verständnis und Liebe zubereitet, locken Gäste von weit her ins gemütliche Schiff. Wir legen großen Wert auf Top-Qualität.

Im wunderschönen Nebengebäude, einem historischen Riegelhaus, befinden sich unsere 7 Hotelzimmer mit herrlicher Sicht auf den Untersee. Unser Hotel ist direkt am schönen Bodenseeufer gelegen und bietet alles für einen erholsamen Aufenthalt. Starten Sie Ihre Entdeckungsreise bei uns. Wir verwöhnen Sie mit all' unseren Köstlichkeiten.

**Info** Gasthof Schiff Mammern, frische Fische, knusprige Güggeli
Seestraße 3, CH-8265 Mammern | Tel. 00 41.52.741 24 44
www.schiff-mammern.ch
Montag Ruhetag

MARKDORF (D)

# Gehrenberg – Wandern mit Seegefühl

**Bodensee LandGänge – Wandern mit Seegefühl**
Seit 2012 wandert man in der Ferienlandschaft Gehrenberg-Bodensee „mit Seegefühl". Denn hier verlaufen mit den Bodensee LandGängen wunderschöne Premiumrundwanderwege.

Nähe zur Natur, Abwechslungsreichtum, Erlebnis- und Aussichtspunkte sowie eine nutzerfreundliche Markierung – das sind die Hauptkriterien des Deutschen Wanderinstituts für die Vergabe des begehrten Qualitätssiegels „Premiumweg". Oder anders gesagt: Das Angebot der betreffenden Routen muss sowohl Genussmenschen als auch Erholungssuchenden ein ganze Menge bieten. Hohe Anforderungen, denen die Bodensee LandGänge jedoch mühelos gerecht werden.

Beste Aussichten für erstklassige Erholung – Gehrenberg, Höchsten, Oberhomberg, ... schon allein die Namen zahlreicher Routen-Höhepunkte lassen den Wanderer erahnen, was ihn dort erwartet: Grandiose Aussichten auf das Linzgau, den Bodensee und natürlich die Alpen. So erstreckt sich vom Höchsten aus bei klarer Sicht vor dem Auge des Betrachters ein atemberaubendes Alpenpanorama von fast 250 Kilometern Länge! Faszinierende Anblicke, die sich besonders komfortabel auf den installierten, aus Holzgefertigten Doppel-Entspannungsliegen genießen lassen.

Auch im Herbst und Winter ein Erlebnis – Nicht nur zur Hauptsaison, sondern auch in den kühleren Monaten bieten die Bodensee LandGänge wunderbare Gelegenheiten, um in aller Ruhe zu sich selbst zu finden. Zahlreiche Waldpassagen faszinieren mit herbstlicher Farbenpracht. Die stille Weite verschneiter Felder hilft beim Durchatmen und die besonders klare Luft lässt die österreichischen und schweizer Alpenketten noch ein Stückchen näher rücken.

**Info** Tourismusgemeinschaft Gehrenberg-Bodensee e.V., Marktstraße 1, 88677 Markdorf | Tel. 0 75 44.500-290 | info@gehrenberg-bodensee.de
www.gehrenberg-bodensee.de | www.bodensee-landgaenge.de

MEERSBURG (D)

# Bibelgalerie Meersburg

**3000 Jahre staunen im Bibel-Erlebnismuseum in Meersburg**
Bibelspuren entdecken in Kultur, Geschichte und im Alltag. Für jung und alt, unterhaltsam und informativ – Ein Erlebnis für die ganze Familie!

**Öffnungszeiten** März bis November, Di.–Sa. 11–13 und 14–17 Uhr, So./Feiertag 14–17 Uhr **Info** Bibelgalerie Meersburg, Kirchstraße 4, D-88709 Meersburg | Tel. 0 75 32.53 00 | www.bibelgalerie.de

MEERSBURG (D)

# Die Meersburg – Wahrzeichen am Bodensee

Ihr Ausflug in die Ritterzeit: Der Rundgang durch die 36 eingerichteten und beschrifteten Räume des Burgmuseums mit Dürnitz, Palas, Brunnenstube, Waffenhalle, Rittersaal, Burgverlies, Folterkammer u.v.m. führt Sie mitten hinein in den Zauber längst versunkener Zeiten. Auch die Räume der Annette von Droste-Hülshoff sind in diesem Rundgang enthalten. Zusätzlich kann man von April bis Ende Oktober den Dagobertsturm mit seinem alten Gebälk besteigen und den Blick über die Stadt und den See genießen. Café auf der Meersburg: Barocksaal mit Seesicht und Terrasse, Renaissance-Raum mit Seesicht für Gruppen, Burgschänke am Marienbrunnen. Spezialität: Pfannkuchen.

**Öffnungszeiten** Burgmuseum ganzjährig täglich durchgehend von 9.00–18.30 Uhr (Nov. bis April von 10–18 Uhr). Burg-Café täglich geöffnet.

**Konzerte** „CARLINA-LEUT" Konzerttermine und Kartenbestellungen auf Anfrage, SÖLDNER Burgbelebung Apr.–Okt. Termine auf Anfrage

**Info** Burg Meersburg | Tel. 0 75 32.8 00 00 | Fax 0 75 32.80 00 88
www.burg-meersburg.de

MEERSBURG (D)

# Rotes Haus
# Galerie Bodenseekreis

Neue Impulse im Blick auf die regionale Kunst wollen die Schauen im ROTEN HAUS geben. Die Kunst des 20. Jahrhunderts in der Region Bodensee-Oberschwaben und die Kunstsammlung des Bodenseekreises stehen im Mittelpunkt inspirierender Präsentationen, die das Barockpalais am Meersburger Schlossplatz zu neuem Leben erwecken.

Lassen Sie sich begeistern!

**Öffnungszeiten** Geöffnet in der Sommersaison. Informationen zu Ausstellungen, Öffnungszeiten und Eintrittspreisen unter: www.galerie-bodenseekreis.de

**Info** Rotes Haus | Galerie Bodenseekreis, Schlossplatz 13, D-88709 Meersburg | Tel. 0 75 32.49 41 29
galerie.meersburg@bodenseekreis.de | www.galerie-bodenseekreis.de

MEERSBURG (D)

# Fürstenhäusle Meersburg

Versteckt zwischen Weinstöcken auf einer Anhöhe über der Meersburger Oberstadt liegt das Fürstenhäusle mit Blick auf das prächtige Neue Schloss Meersburg, die gesamte malerische Oberstadt – und vor allem weit über den See! Das Fürstenhäusle war jahrelang der schöpferische Rückzugsort der Dichterin Annette von Droste-Hülshoff (1797–1848), die am Bodensee ihre letzten Lebensjahre verbrachte. Sie kaufte sich das Weinberghaus von dem Honorar, das sie für ihr berühmtestes Buch erhalten hatte, die „Judenbuche". Heute beherbergt das Fürstenhäusle ein Museum, das an das Leben und das Werk der Dichterin erinnert. Zu den sehenswerten Schätzen des Museums zählen zahlreiche Schriftstücke, Handschriften, Früh- und Erstausgaben sowie viele persönliche Dinge wie Schmuck und Porzellan.

**Öffnungszeiten** März bis November, täglich 11–17 Uhr

**Info** Staatliche Schlösser und Gärten Baden-Württemberg, Fürstenhäusle Meersburg, Stettener Straße 11, 88709 Meersburg | Tel. 0 75 32.8 07 94 10
info@fuerstenhaeusle.de | www.fuerstenhaeusle.de

MEERSBURG (D)

# Neues Schloss Meersburg

Wohnkultur und Lebensart der Fürstbischöfe – Eindrucksvoll thront das Neue Schloss Meersburg über dem imposanten Blau des Bodensees. Eine der originellsten Barockresidenzen hat seit ihrer Erbauung 1710 nichts an ihrer Schönheit eingebüßt. Es besteht die Möglichkeit, das Schloss durch Audioguides, Führungen oder in einem individuellen Rundgang selbst zu erkunden. Audioguides für Kinder und die Möwe Ridibunda begleiten unsere kleinen Gäste durch die Beletage. Lassen Sie Ihren Besuch auf der Schlossterrasse bei Kaffee und Kuchen ausklingen und genießen Sie den hinreißenden Blick über den Bodensee bis zu den Gipfeln der Alpen!

**Öffnungszeiten** März bis Oktober: täglich 9.30–18.00 Uhr
November bis März: Sa., Sonn- und Feiertage 12.00–17.00 Uhr
Eintritt inkl. Audioguide, Führungen: Mi., Sa., Sonn. und Feiertage jeweils um 14 Uhr; im Winter Sa. keine Führung. **Info** Neues Schloss Meersburg, Staatliche Schlösser und Gärten Baden-Württemberg, Schlossplatz 12, D-88709 Meersburg | Tel. 0 75 32.8 07 94 10
info@neues-schloss-meersburg.de | www.neues-schloss-meersburg.de

MEERSBURG (D)

# Meersburg Therme

**Wellness-Vielfalt in ihrer schönsten Form**
Lassen Sie sich vom traumhaften Ambiente und der einzigartigen Lage direkt am wunderschönen Bodensee verzaubern.

Die Meersburg Therme bietet einen einzigartigen Panoramablick über die weite Wasserfläche des oberen Bodensees auf die Vorarlberger und Schweizer Alpen. Das Bad mit Erlebnis-, Thermal- und Saunabereich ist ganzjährig geöffnet. Es besticht durch seine Angebotsvielfalt rund um das nasse Element, die mediterrane Architektur und das einzigartige Wohlfühl-Ambiente. Dazu gehört auch das moderne Frei- und Strandbad als sommerliche Alternative zum benachbarten Wellnessbad. Den Trend zum Freiluftsaunieren bedient die Meersburg Therme ebenfalls mit drei großen Pfahlbausaunen. Die Meersburg Therme lädt ihre Gäste auf eine kleine Wellness- und Entspannungsreise in den Massagebereich ein, in dem die Regeneration von Körper, Geist und Seele im Mittelpunkt steht.

**Info** Meersburg Therme, Uferpromenade 10–12, 88709 Meersburg
Tel. 0 75 32.440-2806 | www.meersburg-therme.de | www.thermentrio.de

### MENGEN-ENNETACH (D)

# Gaggli Nudelhaus

Seit 85 Jahren produziert das Familienunternehmen Buck mit Sitz in Mengen-Ennetach im schönen Oberschwaben feinste Nudelspezialitäten nach traditionellen Rezepturen. So werden für alle Produkte nur bester Hartweizengrieß, täglich im eigenen Betrieb frisch aufgeschlagene Hühnereier der Güteklasse A aus kontrollierter alternativer Bodenhaltung und glasklares Wasser aus dem hauseigenen Brunnen verwendet. Machen Sie einen Ausflug zum Gaggli NudelHaus – direkt am Gaggli Werk – und erleben Sie bei einer Führung durch die NudelProduktion die Herstellung Ihrer Lieblingsnudel hautnah. Im Gaggli NudelLaden bekommen Nudelliebhaber alles, was ihr Herz und Gaumen begehrt.

**Öffnungszeiten** Gaggli NudelLaden: Mo.–Fr. 9–13 Uhr und 14–18 Uhr, Sa. 9–13 Uhr, Führungen Nudel Produktion nach Voranmeldung Mo.–Do. möglich! **Info** Gaggli NudelHaus, Mühlstraße 8–10, D-88512 Mengen-Ennetach | Tel. 0 75 72.759-440 | Fax 075 72.759-5940 info@gaggli-nudelhaus.de | www.gaggli-nudelhaus.de

MESSKIRCH (D)

# Schloss Meßkirch

Das Schloss Meßkirch wurde von den Grafen von Zimmern um 1557 im Stil der Renaissance erbaut. In den letzten Jahren aufwändig renoviert, wird es heute das ganze Jahr über durch Veranstaltungen der unterschiedlichsten Art mit Leben gefüllt. Besonders Museumsliebhaber kommen im Schloss Meßkirch voll auf ihre Kosten. Freunde von alten Automobilen kommen im Oldtimermuseum in der Remise des Schlosses ins Staunen. Die Kreisgalerie im Südflügel zeigt die beeindruckende Kunstsammlung des Landkreises Sigmaringen und im Ostflügel informiert ein weiteres Museum über Leben und Werk des bedeutenden Philosophen Martin Heidegger.

Foto: Oberschwaben Tourismus GmbH

**Öffnungszeiten** Kreisgalerie und Heidegger-Museum: ganzjährig Fr.–So. und an Feiertagen 13–17 Uhr, Oldtimermuseum: April bis Oktober Sa. 14–17 Uhr, So. 13–17 Uhr, Schlossführungen: ganzjährig am 2. So. im Monat, Sommerferien (Ba-Wü) jeden So. 15 Uhr

**Info** Kultur- und Museumszentrum Schloss Meßkirch
Tel. 0 75 75.2 06 46 | info@messkirch.de | www.schloss-messkirch.de

**MESSKIRCH (D)**

# Campus Galli Meßkirch

**Campus Galli – Karolingische Klosterstadt Meßkirch**
Betreten der Baustelle erlaubt!
Vor über 1200 Jahren zeichneten Mönche auf der Insel Reichenau den Idealplan eines Klosters. Neben einer großen Kirche enthielt der Plan auch Handwerkerhäuser, Stallungen und Gärten, um das Kloster eigenständig zu machen. Viele Jahrhunderte schlummerte dieser Plan im Archiv der Stiftsbibliothek St.Gallen. Dieser weltberühmte Klosterplan wird nun bei Meßkirch in die Tat umgesetzt. Mehrere Jahrzehnte wird es dauern, bis alle Gebäude des Klosterplans fertig sind. In der Zwischenzeit haben Besucher die Möglichkeit, den Handwerkern täglich bei der Arbeit zuzusehen und auf Wunsch sogar selbst tätig zu werden.

**Info** Campus Galli – Karolingische Klosterstadt Meßkirch, Verwaltung: Büro Campus Galli | Tel. 0 75 75.9 26 64 95 | info@campus-galli.de
Buchungsstelle (Führungen, Übernachtungen, Gastronomie, etc.):
Tourist-Information Meßkirch | Tel. 0 75 75.2 06 47
booking@campus-galli.de | www.campus-galli.de

MOOS (D)

# MB Events & Adventures

**Kanutouren, Katamaran, Quadtouren, Stand up Paddeling, Tauchkurse**

Die Firma MB Events & Adventures, mit Sitz in Moos am Bodensee, bietet seit fast 10 Jahren Gruppen-Erlebnisse mit Aktivgarantie. Abenteuer auf dem Wasser wie Kanutouren, Katamaran segeln und Stand Up Paddeling stehen hoch im Kurs. Vorallem Letzteres hat sich zu einer echten Trend-Sportart entwickelt. Hervorragend geschulte Guides begleiten die Gruppen ab vier Personen. Nach der Begrüßung mit Einweisung in Material und Technik finden sich auch Anfänger gleich zurecht. Tauchkurse eröffnen eine neue Perspektive auf das Schwäbische Meer. Geübt wird zuerst in einem Schwimmbecken. Gebietserfahrene Taucher begleiten die Teilnehmer auf ihrem ersten Tauchgang im Bodensee. Selbstverständlich kommen auch Landratten auf ihre Kosten. Den Schienerberg beim Geocaching erkunden, beim Bogenschießen und Klettern um die Wette eifern oder die einzigartige Landschaft per Quad oder Mountainbike erleben. Der Ausklang mit Grillspezialitäten am Lagerfeuer macht Lust auf den nächsten Event.

Angesprochen sind Jugendgruppen, Vereine, Firmen, aber auch Organisatoren von Junggesellenabschieden sowie Einzelkunden für die es spezielle Termine gibt. Alle Termine und Angebote sind unter www.mb-events.de online buchbar, auch für die Standorte Allgäu und Schwarzwald, die weitere spannende Erlebnisse versprechen. Ab sofort bietet MB-Events in Zusammenarbeit mit dem neuen Fahrdynamischen Zentrum Bodensee in Steißlingen mittwochs und freitags Individualangebote an. Jeweils von 17.30 bis 22.00 Uhr kann Leih-GoKart, Drift-Taxi, Quad-Offroad bzw. Kanu fahren von Einzelpersonen getestet werden.

Online-Anmeldung bis 12 Uhr am Veranstaltungstag erforderlich.

**Info** MB Events & Adventures, Markus Bumiller, Gewerbestraße 13, 78345 Moos | Tel. 0 77 32.95 00 851 | info@mb-events.de
www.mb-events.de

MOOS (D)

# Gasthaus Grüner Baum

Es war Georg Baum, der sich in der allgemeinen Siegereuphorie des gewonnenen Deutsch-Französischen Kriegs 1873 dazu entschloss, auf die Grundmauern eines 300 Jahre alten Ökonomiegebäudes am Ortseingang ein neues Gasthaus zu errichten. Fünf Generationen haben seit her ihren Lebensunterhalt in diesen Mauern bestritten. Das gastronomische Angebot sowie das Interieur wurden stets vom regionalen Zeitgeist beeinflusst. So waren Bodenseefische und Hörigemüse schon immer Hauptbestandteil der Speisekarte. Auch in der Einrichtung spürt man den besonderen Geist der als Künstlerrefugiums bekannten Halbinsel Höri. Die Wirtsstube wurde bereits 1964 von Robert Seyfried aus Bohlingen eingerichtet. 2001 wurde der hintere Gastraum von Peter Möhrle aus Radolfzell durch Farbe und Beleuchtung neu gestaltet. Die Freilichtalternative zu unseren Gasträumen finden Sie auf unserer Küchenterrasse. In direkter Nähe zu unserer Küche können Sie hier an warmen Sommertagen unsere kulinarischen Spezialitäten sowie ausgesuchte Bodenseeweine genießen. Wir Freuen uns auf Ihren Besuch. Liliane und Hubert Neidhart

**Öffnungszeiten** Ruhetag: Dienstag und Mittwoch, Juli/August: Mittwoch ab 17.30 Uhr, Küche von 12.00–14.00 Uhr und 18.00–22.00 Uhr

**Info** Gasthaus Grüner Baum, 78345 Moos, Radolfzellerstr. 4

Tel. 07732/54077 | Fax 07732/52238 | www.gruenerbaum-moos.de

NEUHAUSEN OB ECK (D)

# Freilichtmusem Neuhausen ob Eck

**Wir machen Geschichte!**
Schon kurz hinter dem Eingang zum Freilichtmuseum Neuhausen ob Eck ist klar: Hier taucht man ein in die Vergangenheit. Da zieht tatsächlich die Schweinehirtin mit ihren Schwäbisch-Hällischen Schweinen durch das Dorf, der Hammer klingt aus der Schmiede, im Schwarzwald-Tal rattert die Sägemühle, und im Kaufhaus am Dorfplatz gibt es die vielen Dinge, die wir von früher kennen ...

Persil im Pappkarton, Nylonstrümpfe, Süßigkeiten aus dem Glas. Das alles weckt die Neugier darauf, wie das Leben früher war! Bis 16 Jahre freier Eintritt!

**Öffnungszeiten** März bis Oktober, Di.–So. 9–18 Uhr, Einlass bis 17 Uhr. An Feiertagen auch montags geöffnet **Anfahrt** An der B 311 Ulm-Donaueschingen gelegen. Anfahrt über die A 81 Stuttgart-Singen oder B 14 Stockach-Tuttlingen. **Info** Freilichtmuseum Neuhausen ob Eck Info-Service: Tel. 0 74 61.926 32 04 | Museumsgaststätte Ochsen: Tel. 0 74 67.12 41 | info@freilichtmuseum-neuhausen.de www.freilichtmuseum-neuhausen.de

NONNENHORN (D)

# Strandbad Nonnenhorn

Traumhaftes Badevergnügen: Nach einigen sportlichen Runden im beheizten Schwimmbecken oder einem erfrischenden Bad im Bodensee entspannen Sie sich im Liegestuhl mit einem herrlichen Blick auf den glitzernden See und das imposante Alpenpanorama – Erholung und Genuss... das ist die Philosophie im Luftkurort Nonnenhorn!

650 m² Freischwimmbecken mit Wasserrutsche, Kinderplanschbecken, Wärmehalle mit Schwimmkanal, Liegewiese mit Stuhl- und Sonnenschirmverleih, sonnige Dachterrasse, Kiosk mit reichhaltigem Angebot, Tischtennis, Tischkicker und Supboard Verleih. Der nahegelegene Minigolfplatz mit Bodenseemotiven lädt nach dem Badespaß zu einer lustigen Spielpartie ein.

**Öffnungszeiten** Hochsaison 9.00–19.30 Uhr (Änderungen vorbehalten, bei Schlechtwetter verkürzte Öffnungszeit), geöffnet vom Mai bis September

**Info** Strandbad Nonnenhorn, Seestr. 12, D-88149 Nonnenhorn
Tel. 0 83 82.84 56 | www.bodenseestrandbad.de
Tourist-Information, Seehalde 2 | Tel. 0 83 82.82 50 | www.nonnenhorn.eu

OBERSTAUFEN (D)

# Erlebnisbad Aquaria

Das Erlebnisbad Aquaria, „das Paradies für Zwischendurch", gehört zu den schönsten und attraktivsten Erholungs-, Sport- und Erlebnisbädern in Bayern, Baden-Württemberg und Vorarlberg. 1000 m² Wasserlandschaft, 25-m-Sportbecken, Wildwasserkreisel, Warmwasser-Sprudelbecken (33°), Freibecken (32°) mit Wasserfall, Geysiren und Sprudelliegen, 100-Meter-Wasserrutsche und ein 3- und 5-Meter-Sprungturm.

Saunalandschaft mit Whirlpool, Dampf-, Bio-, Trockensaunen, separate Damensaunen. Außenbereich mit Panorama- und Gipfelsauna, Solebecken (34°), herrlicher Panoramablick. Lichttherapie, wohltuende Düfte und attraktive Aufgüsse intensivieren zusätzlich das Saunaerlebnis.

**Öffnungszeiten** Täglich 9–22 Uhr. Massage- und Wellnessabteilung: Termine bitte absprechen. Wassergymnastik (kostenlos) jeden Mittwoch und Freitag 9.30–10 Uhr. Von Mai–August ab 24° doppelte Badezeit. SB-Restaurant mit Bistro und Panoramaterrasse. **Info** Erlebnisbad Aquaria, Alpenstraße 5, D-87534 Oberstaufen | Tel. 0 83 86.9 31 30 | Fax 0 83 86.93 13 40 www.aquaria.de

OBERSTAUFEN (D)

# Hündle-Erlebnisbahnen Oberstaufen

Mit der 8er Gondelbahn gelangen Sie bequem an die Bergstation vom Hündle, dem idealen Ausgangspunkt zahlreicher Wanderungen. Schon die Fahrt mit der Gondel eröffnet faszinierende Ausblicke vom Alpsee bis hin zur Allgäuer und Schweizer Bergwelt. An der Bergstation beginnt der Premiumwanderweg „Wildes Wasser", ein vom Deutschen Wanderinstitut ausgezeichneter Wanderweg. Fast ein „Muss" für den Naturliebhaber. Auf dem Erlebniswanderweg begleitet Sie der „schlaue Fuchs" und entführt Sie in die geheimnisvolle Tier- und Pflanzenwelt. 22 Stationen halten viele interessante Informationen bereit. Die Sommerrodelbahn am Hündle ist besonders für Kinder ein riesiges Freizeitvergnügen. In 16 Steilkurven geht es 850 m rasant ins Tal. Auf dem groß angelegten Abenteuerspielplatz dürfen sich die Kinder austoben, die Tiere im Kleintiergehege freuen sich auf einen Besuch.

**Info** Hündle Erlebnisbahnen, Hinterstaufen 10, D-87534 Oberstaufen
Tel. 0 83 86.27 20 | Fax 0 83 86.96 08 01
info@huendle.de | www.huendle.de

### OBERSTAUFEN/STEIBIS (D)

# Imbergbahn Steibis

Genießen Sie die herrliche Aussicht am Imberg. Ob für Wanderer oder Spaziergänger, die vielfältigen Routen durchs Imberggebiet lassen keine Wünsche offen. Der Alperlebnispfad ist ein abwechslungsreicher, interessanter Wanderweg, der zum Mitmachen einlädt und Informationen zur Geschichte und Landschaft der Region bereithält. Entlang des Pfades sorgen Alphütten für das leibliche Wohl der Wanderer, aber auch sonst bestehen zahlreiche Möglichkeiten zur Rast an einem sonnigen Platz mit einzigartigem Panorama.

Im Sport Hauber Klettergarten haben Sie die Möglichkeit, Ihre Geschicklichkeit in unterschiedlichen Parcours zu testen.

**Info** Imbergbahn & Skiarena Steibis, In der Au 19,
D-87534 Oberstaufen/Steibis | Tel. 0 83 86.81 12 | Fax 0 83 86.99 10 14
info@imbergbahn.de | www.imbergbahn.de

## OCHSENHAUSEN (D)

# Öchsle-Bahn

Eisenbahn-Romantik pur mit dem Öchsle auf der 19 Kilometer langen Strecke Warthausen–Ochsenhausen. Die nostalgische Fahrt mit dem Dampfzug auf der 750-mm-Schmalspurstrecke führt durch die hügelige Landschaft Oberschwabens, vorbei an historischen Bahnhöfen aus der Gründerzeit. Das Öchsle hat seinen eigenen, weitgehend parallel zur Strecke verlaufenden Radweg und der Fahrradtransport im Zügle ist kostenlos. Einsteigen, Türen schließen und willkommen in der guten alten Zeit!

**Fahrplan** Mai bis Oktober, an allen Sonntagen jeden 1. + 3. Samstag im Monat, zusätzlich alle Donnerstage im Juli, August und September
Abfahrt ab Warthausen: 10.30 u.14.45 Uhr,
Abfahrt ab Ochsenhausen: 12.00 u. 16.15 Uhr
einfache Strecke 70 Minuten.
**Info** Tourist-Information Stadt Ochsenhausen, Marktplatz 1,
D-88416 Ochsenhausen | Tel. 0 73 52.92 20-26 | Fax 0 73 52.92 20-19
info@oechsle-bahn.de | www.oechsle-bahn.de

ÖHNINGEN-WANGEN (D)

# Pfahlbauhaus Wangen

Mit der Ehre, in das Weltkulturerbe der UNESCO aufgenommen zu sein, entstand der Gedanke, das „versunkene Erbe der Pfahlbauten sichtbar zu machen" und in unmittelbarer Nähe des Museums Fischerhaus und der Wangener Westbucht ein Pfahlbauhaus, ganz nach den Vorbildern der Jungsteinzeit zu errichten. Es hat nun eine Grundfläche von fünf auf acht Meter. Es wurde baulich mit dem Landesamt für Denkmalpflege in Hemmenhofen abgestimmt und so weit als möglich originalgetreu rekonstruiert. Gegenüber den Originalhäusern aus der Jungsteinzeit mussten aufgrund der Vorgaben der Behörden in Bezug auf die Standfestigkeit des Gebäudes Änderungen in der Statik vorgenommen werden, um die Sicherheit von Besuchern zu gewährleisten. Die Konstruktion des Hauses besteht aus Rundhölzern. Drei Pfahlreihen mit Gabelungen am oberen Ende tragen die First- und Seitenpfetten sowie die Dachsparren und das Dach. Der Fußboden und die Wände werden von drei weiteren Pfahlreihen getragen, die mit Querstreben stabilisiert sind. Der Boden besteht aus Eschen-Rundhölzern, er ist mit einer gemagerten Lehmmischung ausgekleidet und mit Leinöl präpariert gegen Feuchtigkeit. Die Wände bestehen aus geflochtenen Hasel- und Weidenruten. Sie sind auf dem Boden aufgesetzt und ebenfalls in mühevoller Handarbeit mit Lehm „verputzt". Das Dach ist mit dicken Lagen aus Schilf gedeckt worden, obwohl es in der Steinzeit vermutlich noch nicht so viel Schilf am See gab. Gefertigt wurde das Pfahlbauhaus unter der Leitung von Architekt und Archäologe Christian Maise aus Laufenburg.

**Öffnungszeiten** des Museums und des Pfahlbauhauses:
Di.–Sa. 11 Uhr bis 17 Uhr, Sonn- und Feiertage: 14 Uhr bis 17 Uhr
**Info** Fischerhaus, Seeweg 1a, 78337 Wangen
www.museum-fischerhaus.de | info@museum-fischerhaus.de

## ÖHNINGEN-WANGEN (D)

# Residenz Seeterrasse Hotel & Restaurant

Wer nach Wangen auf die Höri kommt, sucht Beschaulichkeit, Ruhe, Kultur und ein gutes Restaurant, um Regionales und vor allem Fisch zu essen. Die Höri als Kleinod ist vielen bekannt. Dix, Heckel, Hesse ... Dichter, Künstler und Denker haben die Gegend bis über ihre Grenzen hinaus bekannt gemacht. Die Höri als Ort der kulinarischen Genüsse war bisher eher unbekannt. Seit April 2014 kocht Harald Leissner in der RESIDENZ SEETERRASSE. Ein guter Grund mehr den Ort Wangen, unser Restaurant und das Hotel zu besuchen.

**Harald Leissner – Der Fischkoch, der heimisches Kalb mit weißen Saucen liebt:** Heimatküche ist für Harald Leissner in erster Linie, was er frisch von den Bauern der Höri geliefert bekommt, der Fang seines Freundes und Berufsfischers Mäxle aber auch die Klassiker der einst bürgerlichen Küche wie eingemachtes Kalbfleisch. Dabei zeigt beim Thema Heimatküche der Fischkoch – und Mitglied der noblen, schweizerischen Tafelgesellschaft zum Goldenen Fisch – eine ganz andere kulinarische Seite.
Heute zählt Harald Leissner zu den bekanntesten Fischköchen am See. Auch für ihn zählt heute der Bodenseefisch zu seiner Leibspeise. Doch das war nicht immer so, in der Schulzeit wollte der Junge lieber Fleischgerichte, am liebsten Kalbfleisch und am besten mit weißer Sauce. Zu den Bodenseefischen gehören klassisch Kartoffeln. Leissner schwört auf die „Duchtlinger Knollen" aus dem nahen Hegau. Deshalb serviert er zu seinem eingemachten Kalbfleisch keine breite Nudeln, sondern ebenfalls Kartoffeln. „Heimatliche Traditionsgerichte darf man verändern", sagt er, „es muss nur schmecken!"

Klare Fischsuppe mit Safran – Felchen Müllerin Art oder in der Folie pochiert – ganzer Hecht gebraten – oder Kretzer oder Saibling, d.h. Bodenseefische immer je nach Fang – Harry Currywurst – geschmorte Kalbsbäcken – gebratenes Güggeli mit Höri-Gemüse

**Info** Residenz Seeterrasse, Gastgeber und Küchenchef Harald Leissner, Seeweg 2, 78337 Öhningen-Wangen | Tel. 0 77 35.9 30 00 | www.residenz-seeterrasse.com
Ruhetag 1. Mai bis 1. Oktober: Mi., Ruhetag 1. Oktober bis 1. Mai : Di. und Mi.
12 Zimmer (Januar 2016 neu renoviert)

### ÖHNINGEN-WANGEN (D)

# Bootsstüble Wangen „Floetemeyer"

**Die Liebe zum Landleben hat sie auf die Höri gebracht, Ekkehard und Vera Floetemeyer. Sie leben und arbeiten seit 20 Jahren in Wangen.**

Der Schiffsbaumeister Ekkehard Floetemeyer betreibt eine Werft in Öhningen, die sich auf Restauration und Erhalt von Holzbooten spezialisiert hat. Seine Frau Vera ist gelernte Bildhauerin und hat in England ihr Studium abgeschlossen. Sie schafft namentlich ruhende Plastiken mit einer harmonischen, naturverbundenen Ausstrahlung. Seit 17 Jahren betreiben die Floetemeyers gemeinsam das Bootssüble Wangen. Hier werden hauptsächlich Kanufahrten für Gruppen, Schulklassen, Betriebsausflüge und Familienfeiern auf dem See und Rhein angeboten.

Ein einmaliges Erlebnis ist die naturkundliche Tour über Fische und Vögel, die von den Floetemeyers selbst geleitet wird. Hier zeigt sich ihre Begeisterung für die Natur und deren Wunder. Einen fundierten Blick in die Geschichte bieten

*Regelmäßige kulturelle Veranstaltungen in der Floetemeyer Scheune*

die Floetemeyers mit ihrer kulturhistorischen Tour, die seit 17 Jahren ein Bestandteil des Tourismusangebots von Wangen ist. Wangen zeigt mit seinem Seeanstoss illustrativ die prähistorische Geschichte und (als Standort der Handelsroute zwischen Konstanz und Schaffhausen) exemplarisch die Facetten des Mittelalters.

Für Romantiker bietet das Ehepaar eine Lampionfahrt bei Vollmond, mit anschließender Übernachtung in einem originellen Zirkuswagen Die Kulturscheune veranstaltet fast jeden Freitag (außer in den Schulferien) kulturelle Veranstaltungen wie Konzerte, Tango-Aufführungen, Theater und Lesungen. Das Highlight ist und bleibt das Weihnachtsspiel: Im Hof stehen Schafe, die Scheune ist mit Kerzen erleuchtet und da die Scheune unbeheizt ist, darf man authentisch mit dem Hirten frieren. Die echten Fans wissen, was das bedeutet. So ist es nicht ungewöhnlich, wenn die Gäste mit Fellen, Decken oder mit einer Wärmeflasche zur Veranstaltung kommem.

**Info** Bootsstüble Wangen, Ekkehard und Vera Floetemeyer,
Seeweg 13, D-78337 Öhningen | Tel. 07735.440662
www.bootsstueble-wangen.de

### ÖHNINGEN (D)

# Kleine Galerie Rüdiger Faller

Weltberühmt wurde der Künstler Rüdiger Faller 1987 durch seinen „Dix Skandal", der weltweit durch alle Medien ging.

Heute gilt er unter den bekanntesten Meisterfälschern, nämlich Mrugalla, Kujau und Beltracchi, als der Bedeutendste, denn seine geniale Kunstbegabung ist absolut universell.

Auch wenn ihn Presse und Fernsehen immer noch als „der Dix-Fälscher vom Bodensee" betiteln, ist Otto Dix für ihn kein Thema mehr.
Er malt nur noch selbsterdachte und erlebte Bilder, die jeder Kunstbetrachter in der „Kleinen Galerie" in Öhningen beim Rathaus, Klosterplatz 6, anschauen kann. Diese Galerie betreibt Fallers Sohn Tobias. Soeben ist seine Biografie unter dem Titel „Im langen Schatten des Otto Dix" erschienen.

**Info** Kleine Galerie, Rüdiger Faller, Klosterplatz 6, D-78337 Öhningen
Tel. 0176.98131717 | www.fallerart.de

### ÖHNINGEN (D)

# Grille Sport Bistro

Genießen Sie bei uns in gemütlichem Ambiente das badische Speiseangebot oder eine leckere PIZZA. Gemeinsam mit Ihren Freunden können Sie hier gemütlich und entspannt den Abend ausklingen lassen. Schauen Sie einfach vorbei. Wechselnde Events und Veranstaltungen am Wochenende.
**Sky Sportsbar:** Alle großen Spiele der Bundesliga, Champions League, etc.
**Montag ist PIZZA Tag!**

**Öffnungszeiten** Mo.–Do. 18.00 – 23.00 Uhr, Fr. 18.00 – 00.30 Uhr, Sa. 15.00 – 01.00 Uhr **Info** An der Stalden 6, D-78337 Öhningen
www.grille-öhningen.de | Facebook: Sportsbar Grille
Pizza-Außer-Haus: Bestellung ab 17 Uhr, Tel. 07735 7582200

OPFENBACH (D)

# Freitzeitgolf Allgäu/Bodensee

**Freitzeitgolf ohne Vorkenntnisse**

Wem Minigolf zu wenig ist, der sollte es mal mit SwinGolf versuchen. Hier dürft Ihr nicht nur putten. Abschläge von 100 Meter schafft auch ein Anfänger. SwinGolf ist kinderleicht zu erlernen, mit einfach verständlichen Regeln. Gespielt wird nur mit einem Schläger und einem weichen SwinBall. Beides wird in der SwinGolf-Anlage in Opfenbach verliehen. Eine kurze kostenlose Einweisung und schon geht es los. Eine 9-Loch-Runde dauert zirka 2 bis 3 Stunden die 18-Loch-Runde ist eine Herausforderung für alle, die sich mit dem SwinGolf-Virus angesteckt haben. Leihschläger sind im Eintrittspreis enthalten. Die Spielanleitung für Neueinsteiger ist kostenlos.

**Öffnungszeiten** März bis November, mehr Infos zu den Öffnungszeiten auf www.swingolf-allgaeu.de **Info** Swingolf Allgäu Bodensee, Mywiler 161, D-88145 Opfenbach | Tel. +49 83 85.92 14 374 | Mobil +49 160 98 52 73 31 info@swingolf-allgaeu.de | www.swingolf-allgaeu.de

OPFENBACH (D)

# Fußballgolf Allgäu/Bodensee

Fußballgolf ist ein Mix aus Ballgefühl, Sport und Geselligkeit und ideal geeignet für alle, die Spaß am Kicken haben. Vom Freizeitkicker bis zum Geburtstagskind. Ziel ist es den Ball, mit möglichst wenig Kicks, in ein mit einer Fahne markiertes Loch zu befördern. Auf dem Weg dahin müssen einige Hindernisse, wie z.B. Bäume, Röhren umspielt werden. Das verspricht spannende Runden auf 1,5 ha. Ob Groß oder Klein, auf 18 Bahnen mit einer Länge von 7 bis 90 Meter, da kommen alle voll auf ihre Kosten. Um FußballGolf zu spielen muss man kein Profi sein, Leidenschaft und Begeisterung stehen an erster Stelle.

**Öffnungszeiten** März bis November, mehr Infos zu den Öffnungszeiten auf www.swingolf-allgaeu.de **Info** Swingolf Allgäu Bodensee, Mywiler 161, D-88145 Opfenbach | Tel. +49 83 85.92 14 374 | Mobil +49 160 98 52 73 31 info@swingolf-allgaeu.de | www.swingolf-allgaeu.de

RADOLFZELL (D)

# Stadtmuseum Radolfzell in der alten Stadtapotheke

Eine wahre Kostbarkeit ist die Offizin aus der Biedermeierzeit. Weitere Apothekenräume lassen vergangene Zeiten der Pharmazie lebendig werden. „Baufenster" geben Einblicke in die einzigartige Hausgeschichte seit 1689.

Die Dauerausstellung verdeutlicht prägende Episoden der Stadtgeschichte. Wechselnde Sonderausstellungen und vielseitige Veranstaltungen runden das Programm ab.

**Öffnungszeiten** Dienstag–Sonntag 11–17 Uhr, an Feiertagen auch montags geöffnet **Info** Stadtmuseum Radolfzell, Seetorstraße 3, D-78315 Radolfzell am Bodensee | Tel. 07732.81530 | museum@radolfzell.de www.stadtmuseum-radolfzell.de

RADOLFZELL (D)

# Stadt Radolfzell

Radolfzell ist die Stadt mit dem längsten begehbaren Uferabschnitt am Bodensee. Riedflächen, Mischwälder, Naturseen – nirgends zeigt sich die Bodenseelandschaft facettenreicher und ursprünglicher. Umgeben von einem Naturschutzgebiet hat auf der gleichnamigen Halbinsel auch die METTNAU ihren Sitz, eines der traditionsreichsten Zentren für Bewegungstherapie in Deutschland. Die großen Plätze und schmalen Gassen der Altstadt erzählen spannende Geschichten von der Gründung Radolfzells bis in die Moderne. Heute bieten sie Raum für lebendiges Treiben auf Wochen- und Abendmärkten sowie traditionsreichen Festen und Veranstaltungen. Höhepunkte im Veranstaltungskalender sind die Fasnacht und das Hausherrenfest mit der Mooser Wasserprozession. Zu einer ausgedehnten Einkaufstour bieten zahlreiche Einzelhändler und das seemaxx Factory-Outlet-Center Gelegenheit. Restaurants und Cafés laden zum Verweilen ein.

**Info** Tourismus- und Stadtmarketing Radolfzell GmbH, Bahnhofplatz 2, D-78315 Radolfzell am Bodensee | Tel. 0 77 32.815 00 | Fax 0 77 32.815 10
info@radolfzell-tourismus.de | www.radolfzell-tourismus.de

© TSR GmbH/Kuhnle + Knödler

© TSR GmbH/Kuhnle +

RADOLFZELL (D)

# Hotel K99

Im Mai 2016 eröffnete das Hotel K99 in Radolfzell seine Türen. Was es mit der ungewöhnlichen Namensgebung auf sich hat, erschließt sich dem Gast spätestens bei der Anreise, wenn er die Buchungsadresse zur Kenntnis nimmt: Kasernenstraße 99.

Wohlfühlen – das geht im Hotel K99 zweifelsohne. Hohe, lichtdurchflutete Räume, klare optische Strukturen, edle Materialien und außergewöhnliche Einrichtungsdetails kennzeichnen das gesamte Haus. Die Inneneinrichtung der insgesamt sechzig Zimmer besticht durch die gelungene Verbindung von zeitloser Eleganz, optimaler Funktionalität und gehobenem Komfort. Raumhohe, bodentiefe Fenster gewähren dem Gast in den oberen Etagen eine hervorragende Sicht über die Dächer der Stadt bzw. den malerischen Hegau und sorgen gleichzeitig für eine helle und offene Atmosphäre.

Ein ganz besonderes Highlight ist das Dining Deck hoch oben auf der achten Etage des Hotels. Hier wird den Gästen täglich ein reichhaltiges und abwechslungsreiches Frühstücksbuffet geboten – mit ausgewählten Produkten aus der Region und einer großen Auswahl an Kaffeevariationen und aromatischen Teesorten. Wer auf der angrenzenden Panoramaterrasse Platz nimmt, kann mit dem Frühstück vielleicht sogar die ersten Sonnenstrahlen des Tages genießen.

Ein kleines, aber feines Extra hält das Untergeschoss des Hauses bereit: Hier erwartet die Gäste eine klassische finnische Sauna – der ideale Ort, um nach einem ereignisreichen Tag ausgiebig zu entspannen.

Zum anschließenden Verweilen lädt der gemütliche Bar- und Loungebereich mit freistehendem Bioethanol-Kamin ein. Nette Menschen, anregende Gespräche, ein gutes Glas Wein und kleine Snacks machen den Tagesausklang perfekt.

**Info** Hotel K99, Kasernenstraße 99, D-78315 Radolfzell
Tel. 0 77 32/97 888-0 | hotel@hotel-k99.de | www.hotel-k99.de

zeller

RAMMINGEN (D)

# Allgäu Skyline Park

Erlebnis für die ganze Familie! Im Allgäu Skyline Park erleben Groß und Klein ein Abenteuer mit über 60 Attraktionen. Nervenkitzel bietet u.a. die höchste Überkopf-Achterbahn Europas. Mega-Neuheiten gibt es im beliebten Freizeitpark jüngst für Kinder & Familien. Der Familien- und Freizeitpark wurde zum wiederholten Male für die beste Gastronomie und bestes Preis-Leistungsverhältnis ausgezeichnet.

Alle Infos unter www.skylinepark.de. Wir freuen uns auf Ihren Besuch.

**Öffnungszeiten** März bis November (bitte Ruhetage beachten!)
**Info** Allgäu Skyline Park, Skyline-Park-Straße 1, D-86871 Rammingen (BY)
Tel. 0 82 45.96 69-0 | service@skylinepark.de | www.skylinepark.de

RAVENSBURG (D)

# Freizeitpark Ravensburger Spieleland

Im Freizeitpark am Bodensee erleben kleine und große Abenteurer unvergessliche gemeinsame Momente. Hier heißt es: mitmachen, Neues erfahren und spielerisch dazulernen. Stellt in der SchokoWerkstatt Eure Lieblingsschokolade her, macht Euren ersten Führerschein in der MobileKids-Verkehrsschule oder beweist handwerkliches Geschick und Teamgeist beim Räderwechsel in der neuen „Bosch Car Service Werkstattwelt". Ihr mögt es rasant? Dann versprechen das Alpin-Rafting oder der Freifallturm „Hier kommt die Maus!" pures Vergnügen. Entdeckt die schönsten Spielideen von Ravensburger im XXL-Format und über 70 Attraktionen in 8 Themenwelten! Nur im Ravensburger Spieleland – übrigens ausgezeichnet zu Deutschlands familienfreundlichstem Themenpark – trefft Ihr Eure TV-Lieblinge aus der „Sendung mit der Maus" täglich live. Seit 2016 könnt Ihr sogar bei Maus, Elefant und Käpt'n Blaubär übernachten. Das Ravensburger Spieleland Feriendorf erwartet Euch in thematisierten Ferienhäusern, großzügigen „Wieso?Weshalb?Warum?"Forscher-Zelten oder auch im modernen Familien-Caravan.

**Info** www.spieleland.de und www.spieleland-feriendorf.de

RAVENSBURG (D)

# Kunstmuseum Ravensburg

Das weltweit erste Passivhaus-Museum setzt neue Maßstäbe und hat sich innerhalb kurzer Zeit zum Publikumsmagnet entwickelt. Fundament der Ausstellungstätigkeit ist die hochklassige Sammlung Peter und Gudrun Selinka. Sie umfasst über 200 Arbeiten aus dem Bereich des deutschen Expressionismus sowie die Gruppen Cobra und Spur. Teile der Sammlung sind immer zu sehen. Darüber hinaus werden jährlich zwei bis drei Wechselausstellungen zur klassischen Moderne und zur zeitgenössischen Kunst präsentiert.

**Öffnungszeiten** Di.–So. 11–18 Uhr, Do. 11–19 Uhr, Mo. geschlossen (außer feiertags) geschlossen während der Umbaupausen.
Ravensburger Museumskarte: Vier Museen zum Vorteilspreis.
**Info** Kunstmuseum Ravensburg, Burgstraße 9, D-88212 Ravensburg
Tel. 07 51.82-810 | kunstmuseum@ravensburg.de
www.kunstmuseum-ravensburg.de

Bild: Roland Halbe

RAVENSBURG (D)

# Museum Humpis-Quartier

Inmitten der historischen Ravensburger Altstadt liegt das Humpis-Quartier, eines der besterhaltenen Wohnquartiere einer reichen Kaufmannsfamilie aus dem Mittelalter. Das Museum ist ein ungewöhnlicher Ort, an dem Kulturgeschichte vom 11. bis zum 21. Jahrhundert emotional und authentisch erlebt werden kann. Die sieben Gebäude des Quartiers stellen eine spannende begehbare Lebenswelt dar. Folgen Sie z.B. dem Fernhändler Hans Humpis in die Zeit, als dieser Geschäfte mit ganz Europa trieb, oder lernen Sie mit dem Gerber Johannes Wucherer die Reichsstadt und ihre Zünfte kennen. Oder erfahren Sie mehr über das Schicksal der Schwabenkinder. Begeben Sie sich im Mittelalter auf eine Zeitreise, durch annähernd 60 Räume, Dachböden und Keller, um im Heute wieder anzukommen!

**Öffnungszeiten** Di.–So. 11–18 Uhr, Do. 11–20 Uhr. Öffentliche Führungen: Do. 18 Uhr; Familienführungen: am letzten Sonntag im Monat, 11 Uhr.
Familientipp Museumsrallye und Eintritt für Kinder kostenlos!
Ravensburger Museumskarte: Vier Museen zum Vorteilspreis.
**Info** Museum Humpis-Quartier, Marktstraße 45, D-88212 Ravensburg,
Tel. 07 51.8 28 20 | mhq@ravensburg.de | www.museum-humpis-quartier.de

**RAVENSBURG (D)**

# Museum Ravensburger

Im Mitmach-Museum gehen Besucher auf eine interaktive Entdeckungsreise durch die Geschichte und Gegenwart des Unternehmens mit dem blauen Dreieck. Über drei Stockwerke führt die 1.000 qm große Ausstellung und gibt spannende Antworten: Wie entsteht ein Spiel? Wieso passt bei Puzzles immer genau ein Teil zum anderen? Kinder und Jugendliche entdecken das Museum Ravensburger mit der tiptoi® Museums-Rallye ganz spielerisch: Der orangefarbene Stift erzählt in jedem Raum Wissenswertes und stellt Quizfragen. Erwachsene erhalten jetzt mit dem zweisprachigen multimedialen Audioguide zusätzliche Informationen rund um die Ausstellung. Wer genug Zeit einplant, kann in der Spiel- und Leselounge stundenlang schmökern, puzzeln und spielen – und das im idyllischen Spielehof sogar unter freiem Himmel. Das Stammhaus des Spiele- und Buchverlags liegt mitten in der historischen Altstadt.

**Öffnungszeiten** Tägl. ab 10/11–18 Uhr, Mo. Ruhetag, Ferien (Ba-Wü) Mo. geöffnet. Ravensburger Museumskarte: Vier Museen zum Vorteilspreis.

**Info** Museum Ravensburger, Marktstraße 26, D-88212 Ravensburg
Tel. 07 51 86-13 77 | www.museum-ravensburger.de

RAVENSBURG (D)

# Wirtschaftsmuseum Ravensburg

Das Wirtschaftsmuseum Ravensburg inszeniert Wirtschaftsgeschichte(n) aus den letzten 200 Jahren. Wie schafft man es vom Schusterjungen zum Direktor einer eigenen Bank? Und was hat die Eisenbahn mit den Kühen und dem grünen Allgäu zu tun? Oder öffnen Sie die schwere Tür des originalen Tresors der ältesten Kreissparkasse Württembergs. In spannenden Zeitzeugeninterviews erfährt der Besucher Wissenswertes und Kurioses aus der Region rund um Ravensburg.

**Öffnungszeiten** Dienstag bis Sonntag 11–18 Uhr, donnerstags bis 20 Uhr. Öffentliche Führung jeden 2. Sonntag im Monat um 14 Uhr (3,– € zzgl. Eintritt) **Eintrittspreise** Erwachsene: 3,– €; Kinder, Jugendliche und Schüler: frei! Führungen: 40,– € zzgl. Eintritt (nach Voranmeldung)
Ravensburger Museumskarte: Vier Museen zum Vorteilspreis.
**Info** Wirtschaftsmuseum Ravensburg, Marktstraße 22, D-88212 Ravensburg, Tel. 07 51.35 50 57 77 | museum@wirtschaftsmuseum-ravensburg.de
www.wirtschaftsmuseum-ravensburg.de

RAVENSBURG-ACHBERG (D)

# Schloss Achberg

*Bild: Ulrich Neujahr, Tatjana Magid-Riester, 1928*

*Bild: Alexej von Jawlensky, Die Heilige Stunde – Letztes Schauen, 1919*

Das ehemalige Deutschordensschloss liegt im wildromantischen Argental zwischen Wangen im Allgäu und Lindau am Bodensee. Es ist seit 1995 der Öffentlichkeit zugänglich und bietet seinen Besuchern alljährlich von Frühjahr bis Herbst ein reiches Kulturangebot. In den Räumen des barocken Schlosses mit seinen außergewöhnlichen Stuckaturen finden wechselnde Kunstausstellungen und Konzerte statt. Besondere Höhepunkte sind die Konzerte im Rahmen des Bodenseefestivals und der Reihe „Klassischer Herbst". Ein fantasievolles Kinderprogramm begeistert auch die kleinen Schlossbesucher. Für das leibliche Wohl sorgen die Allgäuer Landfrauen mit regionalen Spezialitäten und hausgemachten Kuchen.

**Öffnungszeiten** April bis Oktober: Fr. von 14–18 Uhr, Sa./So./Feiertage von 10–18 Uhr, außerhalb der Öffnungszeiten Führungen nach Vereinbarung
**Schlossführungen** jeden ersten Samstag im Monat um 14.30 Uhr, Führungen durch die Ausstellung an Sonn- und Feiertagen um 14.30 Uhr
**Info** Kultur im Landkreis Ravensburg, Gartenstraße 107,
D-88212 Ravensburg, Tel. 07 51.85 95 10 | Fax 07 51.85 95 05
info@schloss-achberg.de | www.schloss-achberg.de

### REICHENAU (D)

# Museum Reichenau

Die Inselbesucher können sich im MUSEUM REICHENAU in drei Museumseinheiten über die herausragende kulturhistorische Bedeutung der Reichenau informieren. Gemeinsam mit den drei romanischen Kirchen bilden die Museen, die sich in unmittelbarer Nähe dazu befinden, ein „Informationsnetzwerk" zum UNESCO Welterbe „Klosterinsel Reichenau". Zu den präsentierten Ausstellungsthemen gehören u.a. die Baugeschichte der Kirchen, die Dichtungen des Mönchs Walahfrid Strabo, der auf der Reichenau entstandene so genannte St. Galler Klosterplan, das Wirken des wissenschaftlich tätigen Mönchs Hermann des Lahmen und die Reliquienverehrung. Einen Schwerpunkt bildet die Darstellung der Reichenauer Buchmalerei.

**Öffnungszeiten aller Museumsgebäude** April bis Oktober: täglich 10.30–16.30 Uhr, Juli und August: täglich 10.30–17.30 Uhr, Nov. bis März: Sa., So., Feiertag jeweils 14.00–17.00 Uhr

**Info** Museum Reichenau, Ergat 1+3, D-78479 Reichenau
Tel. 0 75 34.99 93 21 oder 92 07-0 | Fax 0 75 34.92 07-77
info@museumreichenau.de | www.museumreichenau.de

RIELASINGEN-WORBLINGEN (D)

# Naturbad Aachtal

Das Naturbad Aachtal liegt idyllisch am Fuße des Schienerbergs, direkt neben dem Flusslauf der Aach im Ortsteil Worblingen. Die attraktive und spaßgarantierte Schwimm- und Freizeitoase macht das Naturbad zu einem Ausflugsziel für die gesamte Familie. Seit 2013 gibt es einen über 370 qm großen Strand-/Beachbereich. Hier stehen kostenlos Strohschirme im Hawaistil und trendige Sonnenliegen zur Verfügung. Auf der südländisch gestalteten Sonnenterrasse des Schwimmbadkiosks können die Badegäste ihre Getränke und Speisen genießen. Für längere Aufenthalte in unserer Gemeinde stehen neben dem Naturbad 6 Wohnmobilstellplätze mit Ver- und Entsorgungsstation zur Verfügung.

**Öffnungszeiten** Das Naturbad Aachtal ist während der Badesaison (Mai–September) in der Regel täglich von 8.30–20.30 Uhr geöffnet.

**Info** Naturbad Aachtal, Kontakt: Gemeindeverwaltung, Lessingstraße 2, D-78239 Rielasingen-Worblingen | Tel. 0 77 31.93 21-0 bzw. Naturbad direkt: Tel. 0 77 31.2 40 33 | info@rielasingen-worblingen.de www.rielasingen-worblingen.de

### RIELASINGEN-WORBLINGEN (D)

# Hotel Restaurant „Alte Mühle“

Wir kochen mit Liebe statt mit Fertigprodukten!
Lassen Sie sich im außergewöhnlichen Ambiente unserer bischöflichen Mühle oder auf der idyllischen Terrasse an der Aach mit feiner Küche und erlesenen Weinen aus aller Welt verwöhnen.

Fleisch von den saftigen Wiesen des Hegau, fangfrischer Bodenseefisch, knackiges Gemüse von den Bauern der Höri und Kräuter aus dem eigenen Garten werden ebenso frisch für Sie zubereitet wie die saisonalen und internationalen Spezialitäten aus unseren stetig wechselnden Themenkarten. Interessierten Genießern bieten wir mit unseren eintägigen Kochkursen die Möglichkeit, in unsere Töpfe und dem Chef über die Schulter zu schauen.

Für Übernachtungen stehen gemütlich eingerichtete 3*** Komfortzimmer zur Verfügung und ein abwechslungsreiches Frühstücksbuffet sorgt für einen guten Start in den Tag.

**Öffnungszeiten** Täglich ab 17.30, Samstag, Sonn- und Feiertage auch 11.30–14.00 Uhr, Freitag Ruhetag **Info** Hotel Restaurant „Alte Mühle“, Hans-Joachim und Marianne Koch, Singener Str. 3, D-78239 Rielasingen
Tel. 0 77 31.91 13 71 | www.muehle-rielasingen.de

ROMANSHORN (CH)

# Park-Hotel Inseli

Das Inseli**** liegt abseits vom Lärm mitten in der Seeparkanlage am Ufer des Bodensees & ist das ganze Jahr geöffnet. Egal ob Sie sich bei uns in der Bodenseeregion erholen, ob Sie sich einen Zwischenhalt auf Ihrer Reise gönnen, ob Sie bei uns Ihre Familien- oder Firmenanlässe feiern, ob Sie eine Veranstaltung oder Tagung durchführen ... wir sind stets für Ihr Wohlbefinden besorgt & machen Ihren Aufenthalt zu einem unvergesslichen Erlebnis. Unsere Restaurants sorgen für das leibliche Wohlbefinden. Die einzigartige Parkanlage rund um unser Haus bietet Ihnen das entsprechende Ambiente für Ihre Mußestunden, sei es bei einem Spaziergang im Garten, sei es ein ruhiges Viertelstündchen auf einer Parkbank oder der entspannende Blick in die Weite des Bodensees. Wir bieten 39 komfortable Zimmer im 4-Sterne Standard mit Blick ins Grüne, teilweise mit Balkon.

**Info** Park-Hotel Inseli, Inselistrasse 6, CH-8590 Romanshorn
Tel. 0041.(0)71.4 66 88 88 | Fax 0041.(0)71.4 66 88 77 | www. hotelinseli.ch

ROMANSHORN (CH)

# Eisenbahn-Nostalgie am Bodensee

**Romanshorn – historisch wichtiger Verkehrsknotenpunkt am Bodensee**

Die Eisenbahngeschichte von Romanshorn beginnt 1855, als die erste Etappe der Bodenseebahn nach Winterthur eröffnet wurde. Dann kamen 1869 die Seelinie nach Rorschach und 1871 die Bahnverbindung nach Kreuzlingen Hafen und über die Grenze zum Bahnhof Konstanz dazu. Ebenfalls 1869 wurde der Trajektverkehr nach Friedrichshafen aufgenommen, welcher 1976 wieder eingestellt werden musste. Seit 1929 fahren regelmässig Autofähren zwischen Romanshorn und Friedrichshafen.

**Romanshorn – Eisenbahn-Erlebniswelt am Bodensee (LOCORAMA)**

Auf dem Gelände der ehemaligen SBB-Lokremise in Romanshorn können Gross und Klein Eisenbahngeschichte nacherleben. Verschiedene Dampf-, Diesel- und Elektroloks sowie Personen- und Güterwagen aus früherer Zeit werden in authentischer Umgebung präsentiert. Es gibt Führungen in der Fahrzeughalle, auf dem Gelände und im einzigartigen Hebelstellwerk des Bahnhofs, wo eine richtige Weiche und Signale gestellt werden können. Die

historische Signalbrücke von Romanshorn, ein Wasserkran, ein Ausbildungs-Stellwerk und ein Fahrsimulator ergänzen die Ausstellung. Kinder erleben die Eisenbahn zusammen mit Jim Knopf und Lukas, dem Lokomotivführer, auf der grossen Gartenbahn oder auf der Handhebel-Draisine.

**Romanshorn – Ausgangspunkt genussvoller Erlebnisfahrten**

Auf der Seelinie zwischen Kreuzlingen und Rorschach verkehren ab Romanshorn am letzten Sonntag von Mai bis Oktober öffentliche Dampf-Extrazüge der historischen Mittel-Thurgau-Bahn. Der Verein bietet zudem auf dem Normalspurstreckennetz der Schweiz Charterfahrten mit dem nostalgischen „Mostindien-Express" und dem beliebten „Thurgauer Zug" an. Beachten Sie auch im Internet die speziellen öffentlichen Sonderfahrten.

**Saisonale Aktivitäten von Mai bis Oktober (Eisenbahn-Erlebniswelt)**

**LOCORAMA:** jeden Sonntag geöffnet von 10.00 – 17.00 Uhr
Egnacherweg 1, CH-8590 Romanshorn, www.locorama.ch
Events/Führungen auf Anmeldung: office@locorama.ch, Tel. 0041.71.460 24 27

**Dampffahrten:** jeden letzten Sonntag im Monat (Mai bis Oktober)
Fahrplan und weitere Informationen unter www.mthb.ch
Reservationen/Buchungen/Charterfahrten der Mittel-Thurgau-Bahn (VHMThB)
Reisedienst: info@mthb.ch, Tel. 0041.71.622 95 56 (Band)

SALEM (D)

# Affenberg Salem

In Salem am Bodensee tummeln sich in einem 20 Hektar großen Waldstück rund 200 putzmuntere Berberaffen. Die Affen stammen aus den Gebirgsregionen Nordafrikas. Dank des sehr ähnlichen Klimas können sie auch hier am Bodensee das ganze Jahr über im Freien leben.

Das idyllische Areal rund um den von zahlreichen Wasservögeln und Karpfen bevölkerten Weiher teilen sich die Berberaffen mit einer imposanten, frei fliegenden Brutkolonie von Weißstörchen und einer anmutigen Damwildherde. Statt vieler Tierarten auf kleinem Raum zeigt der Affenberg Salem nur einige wenige, diese aber unter optimalen Haltungsbedingungen. Der Besucher kann die Tiere ohne trennende Gitter und Gräben hautnah erleben und die Affen mit gratis ausgeteiltem, speziell zubereitetem Popcorn selbst füttern. Das abwechslungsreiche Informationsangebot mit zahlreichen Schautafeln, moderierten Tierfütterungen und der Filmvorführung ist um die Affen-Rundschau erweitert worden. Die tierische Zeitung informiert mit vielen unterhaltsamen Artikeln über das Leben der Berberaffen, die interaktive Elemente sind besonders für junge Besucher interessant.

Nach dem Rundgang laden die gemütliche Hofschenke sowie der große Abenteuerspielplatz zum Verweilen ein.

Großer kostenloser Parkplatz, preisgünstige Familienkarte.

**Öffnungszeiten** März bis Oktober, täglich 9.00–18.00 Uhr (letzter Einlass 17.30 Uhr) Oktober bis November, täglich 9.00–17.00 Uhr (letzter Einlass 16.30 Uhr) **Info** Affenberg Salem, D-88682 Salem | Tel. 0 75 53.3 81 Fax 0 75 53.64 54 | info@affenberg-salem.de | www.affenberg-salem.de

ROCK 'N' ROLL
LIVE ON TOUR

SALEM (D)

# Kloster und Schloss Salem

Schloss Salem gilt heute als eines der schönsten Kulturdenkmäler der Bodenseeregion. Im Jahre 1134 gründeten Zisterziensermönche ein Kloster und gaben ihm den Namen Salem – Ort des Friedens.

Mit der Säkularisation wurde Salem zum Schloss. Heute sind das Münster und ein Großteil der Schlossanlage für Besucher zugänglich. In fachkundigen Führungen wird Kulturgeschichte aus über sieben Jahrhunderten lebendig.

Zusätzliche Highlights sind das neue Klostermuseum mit „Meisterwerken der Reichsabtei" und das neue Feuerwehrmuseum.

Die weitläufigen Außenanlagen, ein Hofgarten mit Labyrinthen, ein Spielplatz sowie die Ateliers der Kunsthandwerkerladen zum Verweilen ein.

**Öffnungszeiten** März bis November, Mo.–Sa. 9.30–18.00 Uhr, Sonn- und Feiertage 10.30–18.00 Uhr. Täglich Führungen durch Münster und Schloss. Für angemeldete Gruppen ganzjährig Führungen und Weinproben.
**Info** Staatliche Schlösser und Gärten Baden-Württemberg, Schlossverwaltung Salem, D-88682 Salem | Tel. 0 75 53.9 16 53-36
schloss@salem.de | www.salem.de

SCHAFFHAUSEN (CH)

# Vom Bodensee nach Schaffhausen Schönste Stromfahrt Europas

Der idyllische Untersee und die unberührte Flusslandschaft des Hochrheins. Dazu Natur, Kultur und natürlich die hervorragende Gastronomie – ein Erlebnis für alle Sinne. Willkommen auf der schönsten Stromfahrt Europas!
Die Szenerie auf der Fahrt von Kreuzlingen Richtung Schaffhausen ist einmalig: Möwen kreischen über dem Wollmatinger Ried. Die gepflegten Fachwerkhäuser von Gottlieben säumen den Seerhein. Die Landschaft weitet sich, der Blick schweift. Dort das Napoleonmuseum im Schloss Arenenberg bei Mannenbach. Da die Reichenau. Weltkulturerbe, Gemüseinsel, Ausflugsziel – die Insel ist ein echtes Highlight.

### Geheimtipp und Geschichte(n)

Weiter westlich liegt die Halbinsel Höri. Eine verträumte Gegend mit Kultur, Natur und malerischen Dörfern – und eine echte Ergänzung zu den touristischen Höhepunkten am Hochrhein: In Stein am Rhein lockt die Burg Ho-

henklingen mit herrlicher Aussicht über die Region. Die Brückendurchfahrt bei Diessenhofen ist wirklich absolut spektakulär. Und Schaffhausen? Der Munot, die Altstadt mit ihren unzähligen Erkern, die vielen Restaurants – die Stadt ist ganz schön gemütlich.

Gleich neben Schaffhausen liegt der Rheinfall. Tosend und stiebend rauscht das Wasser in die Tiefe. Der „Rhyfall-Express" bringt die Fahrgäste direkt von der Schifflände zum größten Wasserfall Europas – und natürlich wieder zurück.

**Buchbare Angebote**

Von April bis Oktober verkehren täglich drei bis vier Kursschiffe zwischen Kreuzlingen und Schaffhausen. 50 Kilometer, 17 Landestellen, 2 Länder – unvergesslich und eindrücklich. Spannende Momente warten auf die Besucher. Einzelreisende und Familien entdecken mit dem „Rheinfall-Kombi" den spektakulären Wasserfall. Auf dem „Arenenberg-Ausflug" – mit geführter Wein-

*Forsetzung siehe folgende Seite*

wanderung und Besuch des Napoleonmuseums – werfen Gruppenreisende einen authentischen, unterhaltsamen Blick hinter die Kulissen des Rebbaus am Untersee.

### Essen und Trinken an Bord

Reisen macht hungrig. Da passt das vielfältige Angebot der Bordgastronomie bestens. So wird aus einem entspannten Ausflug mit dem Kursschiff vielleicht eine stimmungsvolle Fahrt in den Abend hinein? Und wer weiss, vielleicht erleben Sie sogar einen wunderbaren Sonnenuntergang!
Ob Brunch an Bord, Feuerwerksfahrten oder ein leckeres Fondue: Kulinarische Ausflugsfahrten ergänzen und bereichern das Jahr auf Untersee und Rhein.

Eine Rundfahrt ab Schaffhausen, eine Entdeckungsreise auf dem Untersee ab Stein am Rhein oder ein Ausflug auf dem Rhein während des Winters machen Lust auf mehr.

**Info** Schweizerische Schifffahrtsgesellschaft Untersee und Rhein AG
Freier Platz 8, CH-8200 Schaffhausen | Tel. 0041.(0)52.6 34 08 88
www.urh.ch | www.facebook.com/rheinerlebnis

### SCHAFFHAUSEN (CH)

# Aranea$^{+}$ Kletter- und Badmintonzentrum

Das einzigartige Sportzentrum bietet 200 verschiedene Kletterrouten drinnen und draußen, 5 Badmintonplätze, einen Boulderraum, ein Tischtennistisch, ein Tischfussball und eine Slackline unter einem Dach. Für Familien und Einsteiger gibt es den Aranea$^{+}$Plausch. Dabei kann man ohne Anmeldung und ohne Vorkenntnisse das gesamte Angebot nutzen. Für Gruppen bieten wir maßgeschneiderte Events an.
Ein Ausflug ins Aranea$^{+}$ verspricht Abenteuer und Spaß für alle. Es liegt in der Natur des Menschen, dass er hinaufklettern und sich bewegen will. Auf der Bistroterrasse gönnt man sich die wohlverdiente Erfrischung.

**Öffnungszeiten** Mo.–Fr. 10–23 Uhr, Sa./So./allgem. Feiertage 10–19 Uhr
**Info** Aranea+ Kletter- und Badmintonzentrum Schaffhausen
Ebnatstr. 65, CH-8200 Schaffhausen | Tel. 0041.52.6 20 12 90
info@aranea.ch | www.aranea.ch

SCHEIDEGG (D)

# Skywalk Allgäu

**skywalk allgäu – Naturerlebnis auf hohen Wegen**

Nur wenige Schritte von der österreichischen Grenze entfernt, 1000 m über dem Meer bei Scheidegg im Allgäu, liegt der skywalk allgäu, ein Naturerlebnispark mit Europas modernstem Baumwipfelpfad in herrlicher Aussichtslage. Neben vielen Attraktionen die Natur zu erleben, begeistert besonders der 540 m lange Pfad durch die Baumwipfel. Auf einer technisch einzigartigen Brückenkonstruktion spazieren Sie sicher und bequem in der Höhe der Baumkronen und genießen immer wieder traumhafte Panoramaausblicke über die Alpen, das Alpenvorland und den Bodensee. Gleichzeitig ist es ein ganz besonderes Naturerlebnis hier den Wald aus der Vogelperspektive kennen zu lernen. Der skywalk allgäu ist barrierefrei und für Familien mit Kinderwagen und Rollstuhlfahrer bestens geeignet. Über zwei Wege können Sie den Pfad wieder verlassen; bequem über einen Aufzug oder für Abenteurer über den Interaktiven Pfad mit Wackelbrücken und Röhrenrutsche.

Wieder auf den Boden zurückgekehrt, reizen zwei Naturerlebnispfade mit verschiedenen Aktionsstationen, ein Abenteuerspielplatz zum Toben und Spielen, ein Geschicklichkeitsparcours für Jugendliche und Erwachsene und ein Barfußpfad mit verschiedenen Materialien zum Entdecken. Wer sich entspannen möchte, genießt die großen Ruheliegen mit Aussicht auf die Alpen oder läßt sich in der Netzschaukel wiegen.
Stärkung gibt es dann bei einem Picknick auf der grünen Wiese oder auf der Sonnenterrasse des freundlichen SB-Restaurants.

**Öffnungszeiten** April bis November: täglich 10–18 Uhr; November bis März: aktuell auf der Homepage **Info** skywalk allgäu gemeinnützige GmbH
Oberschwenden 25, D-88175 Scheidegg | Tel. 0 83 81.8 96-1800
info@skywalk-allgaeu.de | www.skywalk-allgaeu.de

SCHONGAU (D)

# Schongauer Märchenwald und Tierpark

Vom Hauptplatz beim Eingang, wo die Kinder ein Spielplatz empfängt, führt ein Waldweg zu den Darstellungen der bekanntesten Märchen der Brüder Grimm. Jedem Märchen ist ein eigenes kleines Häuschen gewidmet. Auf Knopfdruck geht das Licht an, die Puppen bewegen sich und dazu wird das Märchen in Kurzform erzählt. Gehege mit Hirschen, Wildschweinen, Schafen, Ziegen, Pferde, Ponys und verschiedene Volieren mit Vögeln sorgen für zusätzliche Abwechslung. Zum Verweilen lädt eine große Sonnenterrasse ein, von der man den Spielplatz gut überblicken kann. Ponyreiten für Kinder. Für Kaninchen und Meerschweinchen gibt es ein eigenes kleines „Hasendorf". Parkerweiterung mit Balacierstrecke, Barfußpfad und Spaß und Infos rund um Wald und Natur im „Flo's Erlebniswald". Der Märchenwald ist für Rollstuhlfahrer geeignet. Das Mitführen von Hunden an der Leine ist erlaubt.

**Info** Schongauer Märchenwald und Tierpark, Dießener Str. 6, D-86956 Schongau | Tel. 0 88 61.75 27 | Fax 0 88 61.20 05 09
info@schongauer-maerchenwald.de | www.schongauer-maerchenwald.de

SINGEN (D)

# Festungsruine Hohentwiel

Weitläufige neun Hektar groß ist die Festungsanlage, die der Berggipfel über Singen trägt. Sie gilt als größte Festungsruine Deutschlands: Ihre Verteidigungsmauern, ihre mächtigen Turmstümpfe und die großen Häuserruinen geben heute noch einen guten Eindruck davon, wie dieses Bollwerk noch im 18. Jahrhundert gewirkt haben muss. Der Hohentwiel selbst, ein ehemaliger Vulkan, steht unter Naturschutz. Wer bei einem Ausflug auf diesen Felsen den imposanten Blick bis zum Bodensee genossen hat, wird bestätigen: Das ist die schönste Aussicht Baden-Württembergs.

**Öffnungszeiten** 1.4.–15.9. tägl. 9–19.30 Uhr, 16.9.–31.10. tägl. 10–18 Uhr, 1.11.–31.3. tägl. 10–16 Uhr **Info** Staatliche Schlösser und Gärten Baden-Württemberg, Festungsruine Hohentwiel, D-78224 Singen
Tel./Fax 0 77 31.6 91 78 | info@festungsruine-hohentwiel.de
www.festungsruine-hohentwiel.de

SCHWÄGALP (CH)

# Der Säntis – 2.502 Meter pure Faszination

Auf dem Säntis und der Schwägalp legen wir Ihnen den Nebel zu Füssen – und vieles mehr. Hier in der mythischen Bergwelt und einem der schönsten Naturgebiete Europas, erwartet Sie eine Vielzahl von Möglichkeiten.

**Stolz thront der Säntis über der Bodenseeregion**

Zehn wunderbare Minuten dauert die unvergessliche Fahrt mit der Schwebebahn auf den Gipfel des Säntis. Sie ist das ganze Jahr in Betrieb. In den wettergeschützten Aussichtshallen, auf den großen Sonnenterrassen und bequemen Gipfelwegen treffen sich Menschen aus aller Welt. Zwei große Panorama-Restaurants, Shops und Ausstellungen empfangen die Besucher mit typisch Appenzeller Gastfreundschaft. Dazu gehören einzigartige Angebote wie romantische Vollmondfahrten, eindrückliche Sonnenaufgangsfahrten, Klassik- oder Jazz-Nights und viele attraktive Pauschalangebote. So besteht die Möglichkeit, ein Essen mit einer Schwebebahnfahrt zum Vorzugspreis zu kombinieren – Geburtstagskinder fahren übrigens zum halben Preis auf den Gipfel und zurück.

Täglich Preishits auf dem Säntis: Zum Beispiel unser Säntis-Zmittag. Pauschalangebot: Suppe, Appenzeller Schnitzel gefüllt mit Kalbsbrät und Mostbröckli, Spätzli und Gemüse, inkl. Berg- und Talfahrt

**Vollmondfahrten**

Erleben Sie einen romantischen Vollmondabend auf dem Säntis: Weit entfernt funkelt der Bodensee, das reichhaltige Vollmondbuffet im Panoramarestaurant und traditionelle Musik sind ein Augen-, Gaumen- und Ohrenschmaus. Termine auf www.saentisbahn.ch.

**Sonnenaufgangsfahrten**

Frühaufsteher haben die Nase vorn! Wenn noch alle schlafen, führt Sie die

Schwebebahn auf den Säntisgipfel, wo wir Ihnen einen wunderbaren Sonnenaufgang präsentieren. Anschließend stärken Sie sich bei einem Säntis-Zmorge. Pauschalangebot: reichhaltiges Frühstücksbuffet inkl. Berg- und Talfahrt. Erste Bergfahrt an den Sonntagen im Juli um 5 Uhr, im August um 6 Uhr.

**Säntis – das Hotel**

Eingebettet in einer der schönsten Bergkulissen Europas haben wir im Dezember 2015 unser neues 3* Superior Hotel auf der Schwägalp eröffnet. Genießen Sie eine erholsame Nacht auf der Schwägalp und erleben Sie am nächsten Morgen das Frühstück auf dem Säntis.

BodenseeErlebniskarte, GA und Halbtax gelten für die Berg- und Talfahrt mit der Schwebebahn. Routenplaner, ÖV-Fahrplan und viele zusätzliche Informationen auf www.saentisbahn.ch

**Info** Säntis-Schwebebahn, Hotel, Gastronomie, Events, CH-9107 Schwägalp
Tel. 0041.71.3 65 65 65 | kontakt@saentisbahn.ch | www.saentisbahn.ch

ST. MARGRETHEN (CH)

# Festungsmuseum Heldsberg

**Informativ und Beeindruckend**

Das Artilleriewerk Heldsberg ist ein Ausflugserlebnis der besonderen Art. Es war Teil der Grenzbefestigung im Rheintal. Durch seine Lage kontrollierte es mit seinen vier 7,5 cm Festungs-Geschützen im Norden das Südende des Bodensees und im Süden die Rheinübergänge im Rheintal bis Montlingen. Im Festungsrestaurant Heldsbergstube werden Sie mit Getränken und Speisen verwöhnt. Bereichert wird das Museum mit Sonderausstellungen.

**Öffnungszeiten** Einzelbesucher: an Samstagen von April bis Oktober von 11–17 Uhr. Gruppenführungen jederzeit auf Anmeldung.

**Info** Festungsmuseum Heldsberg, Obere Heldsbergstrasse, CH-9430 St. Margrethen | Auskunft Telefon: 0041.71.7 33 40 31
info@festung.ch | www.festung.ch

ST. GALLEN (CH)

# Historisches und Völkerkundemuseum

Das Historische und Völkerkundemuseum im St.Galler Stadtpark besitzt eine der bedeutendsten kulturgeschichtlichen Sammlungen der Ostschweiz. Einen Schwerpunkt bildet die Geschichte von Stadt und Region St.Gallen. Mit seinen Ausstellungen und Veranstaltungen zur Kultur- und Kunstgeschichte, Ethnologie und Zeitgeschichte strahlt das Museum weit über St. Gallen hinaus. Das Kindermuseum im 1. Stock lädt zum Entdecken mit allen Sinnen ein.

**Öffnungszeiten** Dienstag–Sonntag 10.00–17.00 Uhr **Info** Historisches und Völkerkundemuseum St. Gallen, Museumstrasse 50, CH-9000 St. Gallen Tel. 0041.71.242 06 42 | info@hvmsg.ch | www.hvmsg.ch

ST.GALLEN (CH)

# St.Gallen-Bodensee

Besuchen Sie die attraktive Ferienregion St.Gallen-Bodensee auf der Schweizer Seeseite. Sie umfasst die UNESCO-Weltkulturerbestadt St.Gallen mit der weltberühmten Stiftsbibliothek und Kathedrale, die idyllischen Dörfer am Bodensee zwischen Rorschach und St. Margrethen. Die mit vielen Erkern geschmückte, verwinkelte Altstadt St.Gallens lädt zum Bummeln und Genießen ein. Musical- und Opernhighlights erwarten den Gast im Theater. Während der St. Galler Festspiele im Sommer wird der Klosterhof des Stiftsbezirks mit seiner prachtvollen barocken Kathedrale zur einzigartigen Kulisse für ein exklusives Kulturevent unterm Sternenzelt.

Von Rorschach aus lassen sich wunderbare Schiffsausflüge, z.B. in das Naturschutzgebiet beim alten Rhein, unternehmen.
Buchen Sie Ihre Übernachtung online unter www.st.gallen-bodensee.ch und wir schenken Ihnen eine Gratis-Teilnahme am Altstadtrundgang.

**Extra-Tipp** Stadtführungen St.Gallen: Die beste Art, die Weltkulturstadt kennen zu lernen, ist die Teilnahme an einem öffentlichen Stadtrundgang. Jan.–Apr.: jeweils Sa. 11.30–13.00 Uhr, Altstadtrundgang mit UNESCO Weltkulturerbe Mai–Okt.: täglich (außer Sa.) 11.30–13.00 Uhr, Altstadt, UNESCO oder Textilmuseum Rundgänge Samstags 10.30–12.00 Uhr, Altstadtrundgang mit UNESCO Weltkulturerbe Samstags 14.00–15.00 Uhr, Altstadtrundgang Jun.–Sep.: zusätzlich So. 11.30–13.00 Uhr, Altstadtrundgang mit Textilmuseum oder UNESCO Weltkulturerbe
Treffpunkt: Tourist Information im Stiftsbezirk, Bankgasse 9, St.Gallen
Reservation wird empfohlen.
**Info** St.Gallen-Bodensee Tourismus, Bankgasse 9, CH-9001 St.Gallen
Tel. +41 71 227 37 37 | Fax +41 71 227 37 67
info@st.gallen-bodensee.ch | www.st.gallen-bodensee.ch

ST.GALLEN (CH)

# Stiftsbibliothek St.Gallen

Das Kloster St.Gallen hat die Geschichte des Bodenseeraums entscheidend mitgeprägt und schrieb europäische Kulturgeschichte. Die Stiftsbibliothek bildet das Herzstück des Unesco-Weltkulturerbes Stiftsbezirk St.Gallen. Sie gehört zu den schönsten und ältesten Bibliotheken der Welt. Im berühmten Barocksaal sind Kostbarkeiten aus der einzigartigen Handschriftensammlung zu sehen.

**Öffnungszeiten** bis 8. November, Montag bis Samstag 10–17 Uhr
Sonntag 10–16 Uhr, besondere Öffnungszeiten unter 0041.(0)71.227 34 15

**Info** Stiftsbibliothek, Klosterhof 6d, Postfach, CH-9004 St.Gallen
Tel. 0041.71.227 34 16 | Fax 0041.71.227 34 18
stibi@stibi.ch | www.stiftsbibliothek.ch

ST.GALLEN (CH)

# Wildpark Peter und Paul

Der Wildpark Peter und Paul liegt auf der aussichtsreichen Kuppe von Rotmonten, am östlichen Rosenberg, 780 Meter über Meer. Der Wildpark ist in eine zu jeder Jahreszeit reizvolle voralpine Landschaft eingegliedert.
Von verschiedenen Standorten aus ergeben sich weite Ausblicke auf den Thurgau, Bodensee, Süddeutschland, Vorarlberg und den Alpstein.

**Öffnungszeiten** Der Wildpark ist 7 Tage in der Woche durchgehend geöffnet.
**Info** Wildpark Peter und Paul, Kirchlistrasse 92, CH-9010 St.Gallen
Tel. 0041.71.244 51 13 | Fax 0041.71.244 51 13
www.wildpark-peterundpaul.ch

STEIN AM RHEIN (CH)

# Stein am Rhein

Die pittoreske Stadt am Untersee ist ein perfekt erhaltenes mittelalterliches Städtchen mit malerischen Gassen, Stadttoren, einer Klosteranlage und Fassadenmalereien aus dem 16. Jahrhundert. Fachwerkhäuser, altehrwürdige Riegelhäuser, der Stadtbrunnen und ein reichbemaltes Rathaus verführen in eine vergangene Zeit und laden zum Träumen ein. Das anmutige Städtchen bietet zu jeder Jahreszeit viele interessante Attraktionen wie das Benediktinerkloster St. Georgen, das Museum zum Lindwurm und das Krippenmuseum KrippenWelt. Grün und frisch zieht der Rhein vorbei. Ausflugsschiffe, die von Schaffhausen nach Konstanz pendeln, legen hier an. Hier in Stein am Rhein wurden viele bildende Künstler inspiriert. Die Besucher können auf einer ca. 1-stündigen Kunstroute das Leben und Wirken des Malers Hermann Knecht kennen lernen.

**Info** Tourismus Stein am Rhein, Oberstadt 3, CH-8260 Stein am Rhein
Tel. +49 (0)52.632 40 32 | tourist-service@steinamrhein.ch
www.steinamrhein.ch

*Foto: Camping Hüttenberg in Eschenz (CH)*

*Bild unten: (Insel Werd) Die Werd wurde schon 5000 v. Chr. von Pfahlbauern bewohnt. Über eine Fußgängerbrücke von Eschenz aus gelangt man hinüber. Seit 1957 leben Franziskanermönche auf der Insel Werd. Wenn man seinen Besuch anmeldet, kann man sogar eine Führung durchs Kloster mitmachen.*

MUSEUM

### STEIN AM RHEIN (CH)

# Museum Lindwurm

Das Museum Lindwurm befindet sich mitten in der Altstadt von Stein am Rhein. Auf über 1500 $m^2$ wird das faszinierende Leben um 1850 gezeigt. Der Rundgang durchs Haus führt im Vorderhaus vom felsigen Vorratskeller und der Küche über die „Bel-Etage" bis auf den Dachboden.
Im Hinterhaus kann unter anderem die Kornschütte, die Gesindekammer und der Stall mit Hühnern besichtigt werden. Durch die detailgetreue und vielseitige Einrichtung wird das Bürgerhaus zum außergewöhnlichen Erlebnis für die ganze Familie.

**Öffnungszeiten** 1. März bis 31. Oktober täglich von 10 bis 17 Uhr.
Abendöffnung Juli/August siehe www.museum-lindwurm.ch
**Info** Museum Lindwurm, Understadt 18, CH-8260 Stein am Rhein
Tel. 0041.52.741 25 12 | Fax 0041.52.741 45 82
info@museum-lindwurm.ch | www.museum-lindwurm.ch

### STEIN AM RHEIN (CH)

# Appenzeller Volkskunde-Museum Stein am Rhein

Modernes volkskundlich-historisches Museum. Schwerpunkte der Dauerausstellung: Alpkäsen (live in der Alphütte im Museum), bäuerliches Kunsthandwerk (Weissküferei, Sennensattlerei, Silber- und Messingschmiedekunst), Appenzeller Bauernmalerei (Möbelmalerei, Senntumsmalerei), Textilwirtschaft Ausserrhodens mit Live-Vorführungen von Weben und Sticken an historischen Geräten, Medienraum mit diversen Filmen zum agrarischen Handwerk und Brauchtum. Kontinuierlich wechselnde Sonderausstellungen und Begleitveranstaltungen, verschiedene Angebote für Schulen und Gruppen.

**Öffnungszeiten** ganzjährig offen, Di.–So. und allgemeine Feiertage 10–17 Uhr durchgehend, Montag geschlossen. Gruppenbesuche und Führungen auf Anfrage, Sonderausstellungen und Veranstaltungen: siehe Homepage.

**Info** Appenzeller Volkskunde-Museum Stein AR, Dorf, CH-9063 Stein AR, Tel. 0041.71.3 68 50 56 | Fax 0041.71.3 68 50 55
info@appenzeller-museum.ch | www.appenzeller-museum.ch

## TETTNANG (D)

# Residenzschloss der Grafen von Montfort

Noch heute zeugt der prächtige Bau vom Repräsentationsanspruch der Grafenfamilie und ihrem luxuriösen Lebensstil. Die Besichtigung der privaten Gemächer ermöglicht eine Zeitreise in die fürstliche Lebenswelt des 18. Jahrhunderts und zeigt noch heute die reiche Ausstattung der Innenräume mit dem berühmten Bacchussaal.
TIPP: Seit 2015 können Kinder in den Räumlichkeiten ihren Geburtstag feiern. Weitere Informationen zu unseren Angeboten und Führungen erhalten Sie im Tourist-InfoBüro TIB Tettnang.

**Öffnungszeiten** März bis Oktober täglich von 11.00 bis 17.00 Uhr (Mittwoch Ruhetag), stündliche Führungen (letzte Führung um 17.00 Uhr)
Treffpunkt: Museumsshop 1. Obergeschoss
**Info** Tourist-InfoBüro TIB Tettnang, Montfortstraße 41, D-88069 Tettnang
Tel. 07542.510 500 | Fax 07542 510 510 | tourist-info@tettnang.de
www.tettnang.de

Mobilitäts Fahrzeug
für Fahrschulen
KN SB 660

11

STEISSLINGEN (D)

# Fahren Erleben Bodensee

Seit September 2015 gibt es in Steißlingen Deutschlands modernstes Fahrtrainings-, Incentive- und Eventzentrum: das multifunktionale Fahrdynamikzentrum Bodensee. Unter der Marke „Fahren Erleben" werden Fahrsicherheit, Fahrtechnik und Fahrspaß geboten. Innovative und technisch ausgeklügelte Trainingspisten, eine abwechslungsreiche Handlingstrecke (die auch für GO-Kart genutzt wird), aber auch eine Jugendverkehrsschule und ein Seminargebäude erwarten Sie. Trainingsprogramme für alle Alters- und Zielgruppen, nach einem Konzept mit 28 Jahren „Berufserfahrung" sorgen für perfekte Voraussetzungen. Egal ob als PKW Fahrer, Motorradfan, Berufskraftfahrer, als Privatperson, als Unternehmer, Fahranfänger oder „alter Hase", bei „Fahren Erleben" findet jeder „sein" Programm, wird mit Sicherheit besser fahren und viel Fahrspaß erleben. Selber machen, oder Sicherheit schenken – Interesse geweckt?

Info Fahrdynamisches Zentrum Bodensee GmbH & Co. KG, Mühleweg 7, D-78256 Steißlingen | Tel. 0 77 38.9 37 30 | info@FahrenErleben.de
www.FahrenErleben.de

## TEUFEN (CH)

# Zeughaus Teufen

Das Zeughaus Teufen wurde von 1852 bis 1855 nach einem Projekt des Architekten Felix Wilhelm Kubly errichtet. Das bedeutende Baudenkmal ist sorgfältig restauriert und modernisiert worden. Im Dachgeschoss befindet sich das Grubenmann-Museum. Es schafft im Bereich der Architektur, der Siedlungsgestaltung, des Holzbaus und der Geschichte eine Verbindung zwischen dem 18. Jahrhundert und der Gegenwart. Die Bilder von Hans Zeller werden hier der Öffentlichkeit zugänglich gemacht. Mit seinen Landschaftsbildern wie auch seinen Porträts von Charakterköpfen hat sich der Teufner Maler einen hervorragenden Ruf erworben. Im Mittelgeschoss werden Sonderausstellungen in Ergänzung zu den beiden festen Ausstellungsteilen gezeigt. Die Ausstellung nehmen sich den Themen des Holzes, Bauens und der Kultur an.

**Öffnungszeiten** Mi./Fr./Sa. 14–17 Uhr, Do. 14–19 Uhr, So. 12–17 Uhr oder nach Vereinbarung **Info** Zeughaus Teufen, Zeughausplatz 1, CH-9053 Teufen | Tel. 0041.71.335 80 30 | info@zeughausteufen.ch www.zeughausteufen.ch

ÜBERLINGEN-BAMBERGEN (D)

# Haustierhof Reutemühle

Deutschlands idyllischer und artenreichster Erlebnis-Bauernhof, das familienfreundliche Ausflugsziel, bietet in eindrucksvoller und ländlicher Atmosphäre den unmittelbaren Kontakt zu einer unglaublichen Anzahl (220 Tierarten) von Haustierrassen und Exoten. Besonders für Kinder werden das Füttern der Tiere oder das Rumtoben auf dem Spielplatz zu einem unvergesslichen Erlebnis. Das preiswerte Essen in unserem Restaurant „Kellerschenke" sorgt für Ihr leibliches Wohl.

**Öffnungszeiten** Ganzjährig ab 10 Uhr. Von Mai bis Oktober: jeden 1. Sonntag im Monat volkstümliche Unterhaltungsmusik mit namhaften Kapellen aus der Region

**Info** Haustierhof Reutemühle F. Schuler, D-88662 Überlingen-Bambergen
Tel. 0 75 51.6 46 49 | www.haustierhof-reutemuehle.de

ÜBERLINGEN (D)

# Bodensee-Therme Überlingen

In der Bodensee-Therme Überlingen eröffnet sich beim Schwimmen in den Thermalbädern ein herrlicher Blick auf den See. Nach dem Schwitzgang in der großen Saunalandschaft taucht man zur Abkühlung direkt in das idyllische Naturgewässer ein oder relaxt am Strand. 5-Sterne Wellnessangebote runden das traumhafte Badeerlebnis ab. Genießen mit allen Sinnen.

Relaxen Sie bei meditativen Unterwasserklängen, fantastischen Lichtprojektionen und herrlichem Panoramablick. Genießen Sie das warme Thermalwasser, die wohltuenden Güsse und exotischen Düfte in der Saunawelt sowie die abwechslungsreiche Küche.

Im Thermal- und Erlebnisbereich befinden sich neben Thermalinnen- und -außenbecken zahlreiche Wasserattraktionen. Das Sportbecken, die Reifenrutsche und der Eltern-Kind-Bereich garantieren Spaß für Groß und Klein. Saunieren Sie in der Seesauna, der Bootshaussauna, der Kräuter-, der japanischen Rosensauna oder der Panoramasauna. Erfrischen Sie sich im größten Tauchbecken Deutschlands – dem Bodensee.

Spazieren Sie im Saunagarten oder erholen Sie sich in unserer erweiterten Saunagastronomie und bewundern Sie den fantastischen Seeblick. Das wohltuende Massage- und Beauty-Angebot lässt Sie wie auf Wolken schweben.

**Öffnungszeiten** Täglich 10.00–22.00 Uhr, Fr. + Sa. 10.00–23.00 Uhr
**Info** Bodensee-Therme Überlingen | Aquapark Management GmbH
Bahnhofstrasse 27, D-88662 Überlingen | Tel. 07551.30199-0
Fax 07551.30199-11 | info@bodensee-therme.de
www.bodensee-therme.de

Fotos: © Bodensee-Therme Überlingen, Aquapark Management GmbH

UHLDINGEN-MÜHLHOFEN (D)

# Pfahlbaumuseum Unteruhldingen

Direkt am Seeufer gelegen, gehört das Pfahlbaumuseum Unteruhldingen seit 94 Jahren zu den beliebtesten Ausflugszielen am Bodensee. Im Freilichtmuseum zwischen Überlingen und Meersburg werden die Besucher auf Stegen in die Welt der Stein- und Bronzezeit geführt. Die Multimediashow „ARCHAEORAMA" zum Welterbe „Pfahlbauten" zeigt eindrucksvoll, was Archäologen unter Wasser finden. In der Ausstellung „Das Erbe der Pfahlbauer" werden über 1000 Originalfunde präsentiert. Der Steinzeitparcours zum Mitmachen ist in den Ferienzeiten geöffnet, ebenso das Pfahlbaukino.

**Öffnungszeiten** April bis September täglich 9.00–18.30 Uhr (letzte Führung 18.00 Uhr). Oktober bis November: täglich 9.00–17.00 Uhr. Im März und November an Feiertagen und Wochenenden, März täglich 9.00–17.00 Uhr geöffnet.

**Info** Pfahlbaumuseum Unteruhldingen, Strandpromenade 6, D-88690 Uhldingen-Mühlhofen (Unteruhldingen) | Tel. 0 75 56.92 89 00 mail@pfahlbauten.de | www.pfahlbauten.de mit Wettercam

UHLDINGEN-MÜHLHOFEN (D)

# Traktormuseum Bodensee

Über 100 Jahre ländliches Leben!
Auf über 10.000 Quadratmetern entstand im Traktormuseum Bodensee eine Erlebniswelt für die ganze Familie. Mit über 200 Traktoren aus allen Epochen und Werkstätten alter Handwerke und einem eigenem Restaurant bieten wir unseren Besuchern eine abwechslungsreiche Ausstellungslandschaft. Natürlich gibt es auch interessante Ausstellungsbereiche für Frau und Kind. Alles aus dem Haushalt, der Waschküche, ein Spielwarenladen usw. ...
Für die Einkehr bietet der angrenzende Jägerhof, mit seiner weitläufigen Sommer-Terrasse, einen idealen Ort zur Rast und Erholung.
Wir freuen uns auf Ihren Besuch!

**Öffnungszeiten** auf www.traktormuseum.de
**Info** Traktormuseum Bodensee, Gebhardsweiler 1,
D-88690 Uhldingen-Mühlhofen | Tel. 0 75 56.92 83 60
Fax 0 75 56 92 83 627 | kontakt@traktormuseum.de
www.traktormuseum.de

UHLDINGEN-MÜHLHOFEN (D)

# Uhldingen-Mühlhofen

Umgeben von Weinbergen, Wiesen und Wäldern liegt Uhldingen-Mühlhofen direkt am Bodensee. Die Pfahlbauten, die Basilika Birnau und das Reptilienhaus machen die Seeferiengemeinde zu einem attraktiven Urlaubsort. Eine weitere Attraktion für die ganze Familie ist das Traktormuseum Bodensee. Der kostenfreie Naturstrand mit Beachvolleyballfeld, zahleiche Restaurants, Boots- und Fahrradverleihstationen sowie ein vielfältiges Veranstaltungsprogramm bieten abwechslungsreiche Ferien.
Seit Juni 2011 sind die versunkenen Siedlungsstätten der Pfahlbauten Teil des UNESCO-Weltkulturerbes „Prähistorische Pfahlbauten um die Alpen".

**Info** Tourist-Information Uhldingen-Mühlhofen, Ehbachstraße 1 (direkt am Parkplatz zum See), D-88690 Uhldingen-Mühlhofen | Tel. 0 75 56.92 16-0
Fax 0 75 56.92 16-20 | tourist-info@uhldingen-bodensee.de
www.seeferien.com

URNÄSCH (CH)

# Appenzeller Brauchtumsmuseum Urnäsch

Das kleine, feine Museum mit Charme befindet sich in einem über 400 Jahre alten, sonnengebräunten Appenzellerhaus. Das Innere besticht aufgrund des Baukörpers, durch die heimelige Atmosphäre und durch die verwinkelten, niederen Räume mit den schrägen Holzböden. Es bietet Einblick in die bäuerliche Kultur des Appenzellerlandes, das damit verbundene Handwerk und das im Talkessel von Urnäsch tief in der Bevölkerung verwurzelte und bis heute lebendige Brauchtum. Im Mittelpunkt stehen die Silvesterchläus, die Alpfahrt, das Sennenleben, die Bauernmalerei, das Wohnen und die Streichmusik. Auch althergebrachtes Handwerk hat seinen Platz.
Naturjodelkurs und verschiedene Angebote für Gruppen und Schulen.

**Öffnungszeiten** April bis November: Mo.–Sa. 9.00–11.30 + 13.30–17.00 Uhr, So. 13.30–17.00 Uhr, November bis März: Mo.–Sa. 9.00–11.30 Uhr

**Info** Appenzeller Brauchtumsmuseum Urnäsch, Dorfplatz, CH-9107 Urnäsch AR | Tel. 0041.71.364 23 22
info@museum-urnaesch.ch | www.museum-urnaesch.ch

WARTH TG (CH)

# Kartause Ittingen

Die ehemalige Klosteranlage liegt eingebettet in die malerische Thurlandschaft, nur einige Minuten von Frauenfeld und vom Bodensee entfernt. Seit 1983 betreibt die privatrechtliche Stiftung Kartause Ittingen in den ehemaligen Klostergebäuden unter dem Leitspruch „Erhalten und Beleben" ein lebendiges Kultur- und Seminarzentrum mit einem äußerst vielfältigen Angebot. Traumhafte Gärten mit über 1000 Rosenstöcken laden ein zum Flanieren, während das Ittinger Museum authentischen Einblick in das Leben der Mönche gibt und das Kunstmuseum Thurgau seine kleine, aber hochkarätige Sammlung und wechselnde Ausstellungen präsentiert. Im Restaurant Mühle mit wunderschöner Gartenwirtschaft werden die Gäste mit vielen Spezialitäten vom eigenen Gutsbetrieb verwöhnt, und stilvoll-moderne Hotelzimmer laden ein zum längeren Verweilen.

**Öffnungszeiten** Täglich geöffnet, über Weihnachten/Neujahr geschlossen. Museen: Mai bis September täglich 11–18 Uhr, Oktober bis April Mo. bis Fr. 14–17 Uhr, Sa./So. 11–17 Uhr **Info** Kartause Ittingen, CH-8532 Warth TG Tel. 0041.52.7 48 44 11 | Fax 0041.52.7 48 44 55 | info@kartause.ch www.kartause.ch

WASSERBURG (D)

# Freibad Aquamarin Wasserburg

Das direkt am See gelegene Frei- und Strandbad gehört zu den beliebtesten Bädern am See. Vom beheizten Schwimmerbecken aus genießen die Erwachsenen den Panoramablick auf See und Berge. Im benachbarten Kinder- und Jugendbecken mit einer 15 m langen Rutsche und Wasserpilz gibt es viel Platz zum Spielen und Toben. Für die kleinen Gäste ist „Augustins Kinderland" reserviert, ein in die Landschaft integrierter Spielbach mit Fontäne, Kaskaden, Rutsche und anderen Spielgeräten. Auf dem See warten für die „Seebären" ein Badefloß mit herrlichem Blick auf die Wasserburger Halbinsel und die Bergwelt der Schweizer und Österreicher Alpen. Große Liegewiesen bieten genügend Raum zum Entspannen und Spielen.

**Öffnungszeiten** Mai: 10.00–19.00 Uhr, Juni: 9.00–19.00 Uhr, Juli/August: 9.00–20.00 Uhr, September: 10.00–19.00 Uhr

**Info** Aquamarin Wasserburg, Reutener Straße 12, D-88142 Wasserburg Tel. 0 83 82.2 51 87 | www.aquamarin-wasserburg.de

WALDBURG (D)

# Die Waldburg

**Eine Schatzkammer aus Zeiten des Heiligen Römischen Reiches Deutscher Nation:** Die Waldburg gilt als eine der besterhaltenen Burganlagen Süddeutschlands und ist ein Wahrzeichen Oberschwabens. Hoch oben auf einem Drumlin gelegen überragt sie die gesamte Region und ist bereits von weitem sichtbar. Im Jahr 1220 vertraute Kaiser Friedrich II den Waldburgern seine Reichskleinodien an, die für über 20 Jahre sicher auf der Waldburg verwahrt wurden. Heute können Sie in einer eigens dafür angefertigten Schatzkammer originalgetreue Nachbildungen von Krone, Zepter, Reichsapfel und Lanze besichtigen. Tauchen Sie ein in die Geschichte der Waldburg und erfahren Sie bei einer Führung Spannendes und Wissenswertes über vergangene Zeiten. Ein besonderes Erlebnis ist der grandiose Blick von der Altane auf den Bodensee und bis weit in die Alpen hinein. Audioguides, Café in der Burgschenke, Ritteressen.

**Öffnungszeiten** März bis November, Di.–So. 10–17 Uhr
**Info** Museum auf der Waldburg, Hauptstraße 20, D-88289 Waldburg
Tel. 0 75 29.91 11 20 oder 97 17 10 | Fax 0 75 29.97 17 55
info@gemeinde-waldburg.de | www.gemeinde-waldburg.de

WEINGARTEN (D)

# Weingarten

Ganz in der Nähe des Bodensees steht Weingartens Barockbasilika inmitten einer imposanten Klosteranlage und überragt die Dächer der Stadt. Mit ihren kunstvollen Deckenfresken, der Heilig-Blut-Reliquie und der Gabler-Orgel zieht sie seit jeher Betrachter und Zuhörer in ihren Bann.

Etwas außerhalb hat Weingarten auch Naturbegeisterten einiges zu bieten: Wandermöglichkeiten rund um den Rössler Weiher und zwei Mountainbike-Trails für rasante Abfahrten, hier findet jeder eine passende Entspannungsmöglichkeit.

**Tipp** Stadtführung, Mai bis Oktober samstags 15 Uhr, Basilikaführung, Ostern-Allerheiligen, sonn- und feiertags 15 Uhr (bzw. 14.30 Uhr)

**Info** Tourist-Information Weingarten, Münsterplatz 1, D-88250 Weingarten, Tel. 07 51.405-232 | Fax 07 51.405-268 | akt@weingarten-online.de
www.weingarten-online.de

WEINGARTEN (D)

# Museum Weingarten

Weingarten besticht nicht nur durch Deutschlands größte Barockbasilika, sondern lädt Gäste ein, vier moderne und lebendige Museen zu besichtigen. Im Museum für Klosterkultur wird die facettenreiche klösterliche Tradition der Welfenstadt in anschaulicher Weise präsentiert. Das neugestaltete Alamannenmuseum lässt das Zeitalter des frühen Mittelalters aufleben und zeigt sowohl die schönsten Fundstücke aus 801 Gräbern als auch das Leben der Alamannen. Das Stadtmuseum befindet sich im historischen Schlössle und ist zugleich eine attraktive Kulturstätte für Open-Air-Theater, Ausstellungen und vieles mehr. Unter Stuckdecken aus der Zeit des Rokokos finden Besucher Historisches und Kurioses rund um die Welfen, die Klostergründung, die Basilika sowie den Blutfreitag. An der südlichen Stadtgrenze liegt das attraktive Fasnetsmuseum der Plätzlerzunft.

**Info** Stadtmuseum im Schlössle, Scherzachstr. 1, D-88250 Weingarten
Tel. 07 51.40 52 55 | museen@weingarten-online.de
www.weingarten-online.de

WIECHS AM RANDEN (D)

# Rabenscheune auf dem Kastanienhof am Bodensee

Wein * Feinkost * Alpakas * Alpakamode * Bistro: Nehmen Sie sich eine Auszeit. Hausgemachte Kuchen und eine kleine feine Karte herzhafter Speisen laden zum Verweilen ein. Wir verarbeiten hochwertige Produkte und kreieren Ihnen feine Gaumenfreuden. Genießen Sie im Sommer auf unseren Terrassenflächen den wunderschönen Blick über den Hegau. Zudem finden neben Happy-Weekend-Genussabende auch Wildkräuter- und Musikveranstaltungen sowie Lesungen und Packziegentouren statt. Termine entnehmen Sie bitte unserer Internetseite. Lassen Sie sich verzaubern von unseren Alpakas mit ihren wunderschönen Augen und erleben Sie die Feinheit traumhaft schöner Alpakamode, von Jacken über Troyer, Schals, Mützen bis hin zu Oberbetten mit bemerkenswerten Eigenschaften.

**Öffnungszeiten** ganzjährig: Mi. bis So. und an allen Feiertagen:
15.00 bis 21.00 Uhr
**Info** Rabenscheune auf dem Kastanienhof, Hauptstraße 1,
D-78250 Wiechs am Randen | Tel. 0 77 36.92 18 88
info@rabenscheune.de | www.rabenscheune.de

**WOLFEGG (D)**

# Bauernhaus-Museum Wolfegg

Inmitten der sanften Hügellandschaft Oberschwabens liegt das Bauernhaus-Museum Wolfegg. Mit 16 originalen Bauernhäusern und Wirtschaftsgebäuden gibt es Einblick in die Lebens- und Arbeitsumstände der Landbevölkerung: Originalgetreu eingerichtete Stuben, Kammern, Ställe und Werkstätten, liebevoll gepflegte Bauerngärten und zahlreiche Feste und Sonderveranstaltungen laden zum Verweilen und Entdecken ein. Nicht zu vergessen die teilweise freilaufenden Tiere, die besonders Kindern viel Freude bereiten. Für Kinder und Erwachsene hält das Museum ein breites Angebot an museumspädagogischen Mitmach-Aktionen bereit.

**Ferienprogramm** In den Ferien gibt es immer dienstags und donnerstags Programm für Kinder mit vielen Mitmach-Aktionen.
**Öffnungszeiten** Mai bis September: täglich 10–18 Uhr
März, April, Oktober, November: Di.–So. 10–17 Uhr
**Info** Bauernhaus-Museum Wolfegg, Vogter Str. 4, D-88364 Wolfegg
Tel. 0 75 27.9 55 00 | www.bauernhaus-museum.de